诚信是金

企业诚信体系建设研究

阳芳 李铁国 ◎ 著

企业管理出版社
ENTERPRISE MANAGEMENT PUBLISHING HOUSE

图书在版编目（CIP）数据

企业诚信体系建设研究 / 阳芳，李铁国著 . —北京：企业管理出版社，2022.3
ISBN 978-7-5164-2552-7

Ⅰ.①企… Ⅱ.①阳…②李… Ⅲ.①企业管理–信用–研究 Ⅳ.① F270

中国版本图书馆 CIP 数据核字（2022）第 018580 号

书　　名：	企业诚信体系建设研究
书　　号：	ISBN 978-7-5164-2552-7
作　　者：	阳　芳　李铁国
策　　划：	杨慧芳
责任编辑：	杨慧芳
出版发行：	企业管理出版社
经　　销：	新华书店
地　　址：	北京市海淀区紫竹院南路 17 号　　邮编：100048
网　　址：	http://www.emph.cn　　电子信箱：314819720@qq.com
电　　话：	编辑部（010）68420309　　发行部（010）68701816
印　　刷：	北京虎彩文化传播有限公司
版　　次：	2022 年 12 月第 1 版
印　　次：	2022 年 12 月第 1 次印刷
开　　本：	710mm×1000mm　　1/16
印　　张：	13.5 印张
字　　数：	216 千字
定　　价：	78.00 元

版权所有　翻印必究·印装有误　负责调换

前 言

诚信至关重要。诚信者，遍行天下；失信者，将寸步难行。市场经济条件下，诚信是市场主体应有的基本品格。企业是最主要的市场主体，诚信是企业生存与发展的基石。对一个企业来说，只有守信用、讲品德，树立良好的企业信誉，才能做好企业品牌、树立企业形象，才能在业界屹立不倒、基业长青。现实警示我们：诚信问题危及市场经济的发展，阻碍和谐社会的建设。因此，必须完善和建设诚信体系，给企业一个公平公正的市场经济平台，给人们一个和谐的美好家园。

本书以问题为导向，运用博弈论、利益相关者理论、交易成本理论、道德资本理论等，综合考量诚信与企业诚信的本质，紧扣目前我国企业存在的诚信缺失现象，通过实证研究的方式，挖掘诚信缺失的内在深层次的原因和内在矛盾的本质，试图解答当前现实社会企业诚信建设中的困惑、犹豫、无所适从甚至无能为力等问题。一方面着力揭示市场主体的诚信基因密码，从理论上丰富企业诚信的内涵与外延；另一方面力图解决问题，通过探讨企业诚信体系建设模式和实现路径，为进一步完善企业诚信体系提供具有可行性和可操作性的对策与方案，从而推进企业诚信建设乃至全社会的诚信建设，推动社会主义市场经济的健康发展，推动社会诚信建设，实现人民对美好生活的愿望。

全书分三个部分共九章。

第一部分 理论篇，包括第一章至第五章。主要从学理上阐述诚信、企业诚信、企业诚信体系的内容与结构、企业诚信体系构建的理论探索。企业诚信一直是社会的热点话题，然而，学界和社会一直局限于较为模糊的意识判断，缺乏对企业诚信较为统一和明确的概念，因而往往出现对企业诚信的误解。为了很好地解决这一概念模糊问题，本篇通过大量的文献研究，回溯国内外企业诚信的发展历史，推理演绎，从学理上系统地梳理企业诚信的内涵、外延，进而阐述企业诚信体系的内容与结构和企业诚信体系构建的理论探索。

第二部分　实践篇，包括第六、七章，主要通过实地考察、文献收集等方法，运用典型案例分析和实证研究由点到面地考察我国企业诚信现状，挖掘我国企业诚信存在的问题，把握企业诚信问题的关键，评价企业诚信在当今市场中所扮演的角色。

第三部分　对策篇，包括第八、九章，主要讨论企业诚信体系建设的路径、方法和保障机制，着力构建企业诚信体系、企业内部诚信体系，以及企业诚信识别体系的理论框架。根据已有的研究，本篇在对企业诚信及其所处的社会环境进行较为精确的把握之后，从问题出发，进一步进行相关资料的收集，构建企业诚信体系框架。这一框架涵盖内容广泛，从企业内部诚信体系建设到企业合作商的诚信识别体系，并得到了大量的实证研究和个案数据的证明支持，操作性强。同时，提出了诚信体系外部保障建设相关建议。我国企业诚信问题是多方面作用的结果，企业诚信的建设也不能仅仅局限于企业自身的体系建设，它需要多方努力，内外兼治，共同建立一套行之有效、有理有度的机制。此外，本篇还从企业外部环境出发，以利益相关者理论为基础，提出建立一套行之有效的外部保障机制的建议，以保护和支撑企业诚信的良好健康发展。本文从组织保障、制度保障、人员保障、技术保障4个角度出发，共11个方面，对企业诚信的外部保障机制进行了分析和建议，以期完善我国企业诚信体系建设整体框架。

本书在撰写过程中，得到了课题组成员李铁国、邓海雄、何冬明、王婷婷、邓小红、毕晓云、刘盼等的帮助，他们参与实地调查、文献收集、问卷处理、书稿整理等工作。在此，对他们表示衷心感谢！

本书在撰写过程中，参考和引用了国内外多位专家、学者的相关著作、期刊论文等文献成果，并尽可能标明出处，但仍可能存在一些疏漏。在此，对给予本书宝贵启发与借鉴的专家与学者们表示衷心的感谢！同时，书中不当之处，恳请同行和读者批评指正。

目 录

Part 01 理论篇

第一章　绪言 ··· 3
　第一节　问题的提出 ··· 3
　第二节　研究的意义 ··· 4
　第三节　研究内容、思路与方法 ··· 5

第二章　诚信 ··· 9
　第一节　诚信的性质 ··· 9
　第二节　诚信的特点 ·· 11
　第三节　诚信的分类 ·· 12

第三章　企业诚信 ·· 15
　第一节　企业的本质 ·· 15
　第二节　企业诚信的产生 ·· 17
　第三节　企业诚信的内涵 ·· 19
　第四节　企业诚信的理论基础 ·· 20
　第五节　企业诚信的作用机理 ·· 27

第四章　企业诚信体系的内容与结构 ·· 29
　第一节　企业诚信体系的内涵 ·· 29
　第二节　企业诚信体系的分类 ·· 29
　第三节　企业诚信体系的内容 ·· 30
　第四节　企业诚信体系的图谱 ·· 37

第五节　企业诚信体系的功能……38

第五章　企业诚信体系构建的理论探索……43
第一节　企业诚信体系的重要性……43
第二节　企业诚信体系建设的影响因素……45
第三节　企业诚信体系建设的运行机制……51

Part 02　实践篇

第六章　企业诚信及其诚信体系建设案例……59
第一节　不同情景下的企业诚信……59
第二节　中国企业失信的案例分析……61
第三节　企业诚信体系建设的典范——某电网……72
第四节　诚信领导在企业诚信建设中的作用……96

第七章　企业诚信体系构成要素的实证分析……98
第一节　企业诚信意愿、诚信制度、诚信能力对企业内部诚信影响研究……98
第二节　企业合作商诚信评价体系的实证研究……109
第三节　诚信领导对员工创新绩效的影响研究——以领导—成员交换为中介……120

Part 03　对策篇

第八章　企业诚信体系建设的路径与方法……153
第一节　企业诚信体系建设的指导思想、基本原则和目标任务……153
第二节　建设企业诚信体系的具体步骤……156
第三节　共享经济下的诚信建设……174

第九章　完善企业诚信建设的保障机制……177
第一节　外界监督保障……177

第二节 政府保障……185
第三节 法律与制度保障……188
第四节 技术保障……189

参考文献……192
附录1 企业诚信体系建设调查问卷……199
附录2 关于"诚信领导对员工创新绩效影响"的调查问卷……205

Part 01

理 论 篇

第一章

绪　言

第一节　问题的提出

　　人无诚信不立，业无诚信不兴，政无诚信不威，国无诚信不宁。诚实守信是人际交往的纽带、人际和谐的基础，是社会道德的核心内容，也是企业的生存之本与发展之道。市场经济条件下，企业是最重要的市场主体。为了保障市场秩序的有序运行，发挥市场在资源配置中的决定性作用，达到更高的效率，就必须建立一套完善而具有效力的规则体系来约束企业行为，使其遵守规则，自主完成市场活动。但仅仅依靠正式制度约束市场主体行为还远远不够，"即使在最发达的经济中，正式规则也只是决定选择总体约束的小部分，大部分行为空间是由习惯、伦理等非正式规则来约束的"。因此，市场经济除了需要依靠法律制度等正式制度的约束外，还应有道德伦理等非正式规则的支持。道德伦理和法律一样，是维持市场经济有序运作和发展的重要规范。

　　企业伦理在维护市场秩序、约束企业主体方面，和法律等正式规则相比，有其独特的功效。当然，这并不是要比较道德伦理和法律体系孰轻孰重，事实上，道德伦理和法律体系是相辅相成、缺一不可的，没有法律的强制约束或者没有道德伦理体系的软调控，就难以保障市场经济的有效运行。

　　市场经济又称为契约经济、信用经济。一定程度上说，诚信应该是市场主体的基本品格，企业和个人均应当具有诚信品格，特别是企业这一重要的市场经济主体，更需要具有诚信的品格。可以说，企业具备了良好的诚信品质，市场经济就可以良好运作、稳定健康发展。诚信一直是社会关注的焦点问题，其中，企业诚信是社会诚信的重要组成内容，同时也是市场伦理的重要部分，2019年通过百度搜索"企业诚信"词条，可以找到2 560多万个相关结果。

　　随着"互联网+"时代的到来，它所表现出的跨界融合、结构重塑、创新驱动、信息透明化、需求小众化、人性化、生态化和支付的网络化等新特点,极大地改变了人们的思想观念,市场主体自由度更加扩大,资源流通更加迅速,市场更加活跃,对契约精神和信用水平要求更高。但是,"互联网+"也使传统的企业诚信问题变得更加隐性化、多元化和深层次化。虚假宣传、电信欺诈、网络诈骗、侵权等现象层出不穷,市场诚信缺失问题以全新的模样凸显。

中国信用网数据显示,我国各省份"双公示"[①]数据总量达到8 400万条,其中经济较为发达的省份如广东省和江苏省,更是达到了1108万条和950万条之多,居我国省际第一和第二。我国信用小康指数[②]2018年调查发现,仅有28.6%的民众认为我国企业信用比较好及以上,50.2%的民众认为我国企业信用一般,21.2%的民众认为我国企业不太好甚至更差。这些数据说明:我国经济飞速发展的同时,企业失信问题仍然比较严重。现实警示我们:诚信问题仍然危及市场经济的发展,破坏和谐社会的建设。因此,必须建设好诚信体系,给企业一个公平公正的市场经济平台,给人们一个和谐的美好家园。

第二节 研究的意义

一、理论意义

(1)揭示市场主体的诚信基因密码,从理论上丰富企业诚信的内涵与外延的研究。中国传统的诚信体系是依靠血缘、地缘、人缘、主观情感和宗族关系等进行维系的,而一旦这种维系诚信关系的纽带消失,社会个体就会缺乏安全感和信任感,诚信就无从谈起。而市场经济是一种契约经济,也是信用经济,交易双方常常是完全陌生的,甚至整个交易过程都不需要见面,不存在主观情感、宗族、血缘等联系,交易双方仅依据完善的契约关系,带着各自的目的和利益进行交易,一旦交易结束,双方契约关系也即宣告完结。而到了互联网、大数据、云计算快速发展的今天,交易的普遍化、多样化、复杂化和虚拟化等特征凸显,诚信的内涵、外延均发生变化。因此,必须从学理上探讨新时代下诚信的实质,从个人诚信到企业诚信到政府诚信,与时俱进地探讨社会主义市场经济下的市场主体的诚信基因密码,进一步丰富完善诚信研究的理论体系。

---

① "双公示"是指行政许可、行政处罚等信用信息做出决定后上网公示的制度。
② 鄂瑶. 2018中国信用小康指数:83.1城市治理向信用取经[J]. 小康,2018(22).

（2）构建新时代社会主义企业诚信体系，丰富企业诚信理论体系。本书试图通过典型案例和实证数据去探寻企业诚信缺失现象的本质原因。同时，根据已有的成功模式，提炼企业诚信体系建设的一般规律，探讨企业诚信体系建设的内容、形式与框架，丰富企业诚信体系建设的理论体系。

二、实践意义

（1）企业诚信体系建设问题是市场经济发展中的重要实践问题，也是社会诚信最重要的组成部分。企业主要活动领域是经济领域，其所推崇的"诚信观"是一种被法律规范的经济行为和经济能力[1]。"诚信经营"占据着企业伦理的主导地位，影响着社会的方方面面。目前企业诚信缺失问题严重，较低的企业诚信度从整体上拉低了社会诚信的水平。因此，研究企业诚信体系建设这一实践问题，有助于社会主义市场经济的健康发展，有利于社会诚信的建设，有利于人民美好生活的实现。

（2）理论研究最终的目的是为解决问题、指导实践服务的。本书基于问题导向，通过深度访谈、问卷调查、专家讨论等方式，分析我国企业诚信缺失的内在深层次的原因，试图找出这一问题产生的根源，解答当前企业诚信建设中的困惑、犹豫、无所适从或无能为力等问题，探讨企业诚信体系建设模式和实现路径，为进一步完善企业诚信体系提供具有可行性和可操作性的对策与方案，从而推进企业诚信建设乃至全社会的诚信建设。

第三节 研究内容、思路与方法

一、研究内容与思路

本书以问题为导向，运用博弈论、利益相关者理论、交易成本理论、道德资本等理论，综合考量诚信与企业诚信的本质，紧扣目前我国企业仍然存在的诚信缺失现象，通过实证研究的方式，一方面着力揭示市场主体的诚信基因密码，从理论上丰富企业诚信的内涵与外延；另一方面力图解决问题，通过探讨企业诚信体系建设模式和实现路径，推动社会主义市场经济的健康发展，推动社会诚信的建设，实现人民的美好生活。研究思路与文章框架如图1-1所示，具体研究内容如下。

（1）定义诚信和企业诚信。企业诚信一直是社会的热点话题，然而，学界和

---

[1] 吴敏. 从中西诚信观看中国企业诚信体系建设[J]. 企业经济，2013，32（2）：44-47.

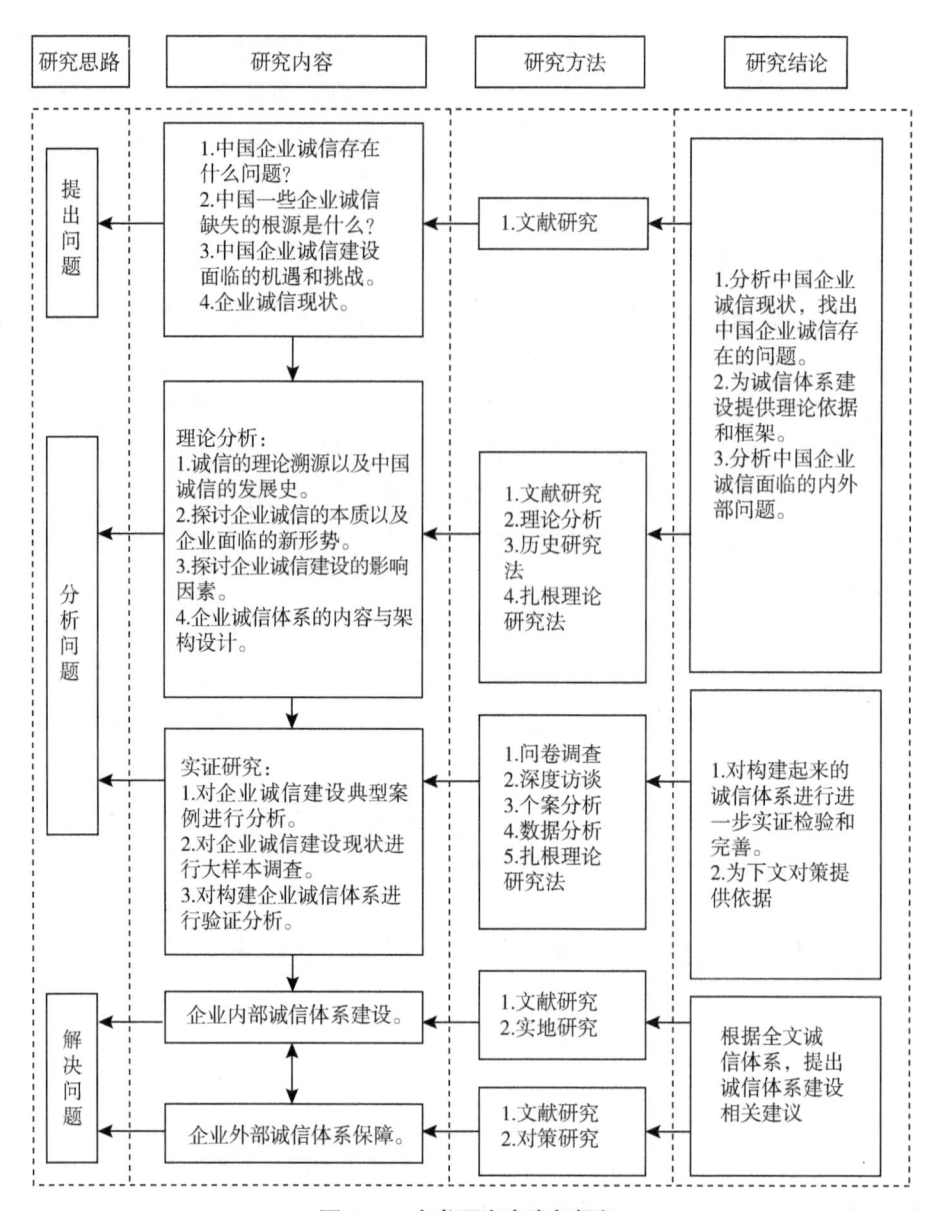

图 1-1 本书研究内容与框架

社会一直局限于较为模糊的判断，缺乏对企业诚信较为统一和明确的概念，因而往往出现对企业诚信的误解。为了更好地解决这一问题，本书通过大量的文献研究，回溯国内外企业诚信的发展历史，一步步推演，从学理上系统地梳理企业诚信的内涵、外延。

（2）分析我国企业诚信的现状，并找出诚信问题的根源所在。本书通过实地考察、文献收集等方法，分析我国企业诚信现状及诚信存在的问题。把握企业诚信问题的关键，对企业诚信在当今市场经济中的作用进行精准的定位，分析其机理和实现路径。

（3）建立企业诚信体系、企业内部诚信体系以及企业诚信识别体系。根据已有的研究，本书在对企业诚信及其所处的社会环境进行分析之后，从问题出发，进一步进行相关资料的收集，建立了企业诚信体系研究框架。这一框架涵盖内容广泛，从企业内部诚信体系建设，到企业合作商的诚信识别体系，都进行了体系构建，并得到了大量的实证研究和个案数据支持，落地性强。

（4）根据构建的企业诚信体系，提出诚信体系外部保障建设相关建议。我国企业诚信问题是多方面作用的结果，企业诚信的建设也不能仅仅局限于企业自身的体系建设，它需要多方努力、内外兼治，共同建立一套行之有效、有理有度的机制。因此，本书还从企业外部环境出发，以利益相关者理论为基础，提出全社会建立一套行之有效的外部保障机制的建议，以保护和支撑企业诚信建设。本书从组织保障、制度保障、人员保障、技术保障 4 个角度出发，共分 11 个方面对企业诚信的外部保障机制进行了分析和建议，以期完善我国企业诚信体系建设整体框架。

二、研究方法

为了对企业诚信进行科学客观的研究，本书采用了多种研究方法。研究过程力争符合相关研究范式，本书主要采用了如下方法。

（一）文献法

本书首先使用文献法，该方法可以很好地借鉴已有的研究，站在更高的起点深入研究。通过对企业诚信的文献资料进行收集、阅读、整理，试图达到以下几个目标：一是理解学界以及社会对企业诚信概念的认识；二是了解企业诚信现状，理顺企业诚信的发展脉络；三是了解我国企业诚信应建设的研究成果。

（二）扎根理论研究法

这一方法较为符合本书对企业诚信的研究需要。学界和业界早已有大量对企业诚信的研究，但是仍具有一定的局限性，至今依旧缺乏较为完善的理论体系。因此，首先从大量的文献中进行理论总结和推演，从调查出发，提出假设并建立相关模型。

(三)个案分析法

这一方法从实际出发,研究者通过剥离特定情境对研究过程的影响,探寻其理论本质。由于每一个企业都具有一定的特殊性,企业的诚信行为也受到诸多因素的影响。因此,采用个案分析法,通过典型案例研究,可以帮助我们进一步分析总结和印证企业诚信的现状。

为了更好地了解我国企业诚信现状,通过收集网上案例资料、实地收集相关企业的资料,针对个案进行了分析。鉴于这些案例都具有一定的代表性,可以帮助我们剖析我国企业诚信现状。

本书还运用了问卷调查法、深度访谈法、数据分析法、实地调研法和对策研究法等。

第二章

诚　　信

国内外关于诚信的理论研究非常丰富，中国关于诚信的研究自古就有，主要围绕诚信的性质和特点、诚信的类别和层次、诚信建立的条件等三个问题展开。

第一节　诚信的性质

一、诚信是一种高尚品质

中国素以文明古国、礼仪之邦著称于世，中华民族历来就有"诚信为本，一诺千金"的优良品德。在中国从春秋时期起，古代思想家对诚信的强调和论述就不绝于史，诚信是"诚"与"信"两个字的合用，两者相互区别而又密切联系。相互区别之处在于"诚"主要是指"内诚于心"，是对个体的内在德性的规定，表现为真诚、诚实、诚恳；"信"则偏重于"外信于人"，主要是指"内诚"的外在表现、社会化的品德实践，表现为讲信义、守信用、重承诺。所以，"诚""信"连用，表现的是真实无妄、表里如一、遵守诺言的品格，诚信即是内外相结合的一种品质。诚信作为一种道德品质和规范，产生于人们之间平时的社会交往和个体的自律中。

现代学者对于诚信的认识也基本一致。姜正冬的《论社会诚信》认为诚信的基本含义就是诚实守信。诚实守信是指真诚不欺骗的品质，不骗他人也不骗自己，是诚实与守信的相互结合。诚实是守信的基础和依据，不诚实，就谈不上守信；而守信则是诚实的外化、深化和扩大化。不守信，诚实也难以表现和证实。诚实和守信，相互联系、相互依赖、相互作用、相互转化，是一个统一的整体[①]。

---

① 张云飞.消费社会视野下诚信问题研究［J］.江苏理工学院学报，2015，21（1）：51-55.

李娜的《社会资本视角下社会诚信建设研究》认为,诚信是一个人最为关键的道德品质,是一种美德,更是崇高的"人格力量"。个体具有诚实的品质,才能够讲信义、守信用地做事,并且能够真正体现本身的素质修养,从而更好地获得他人的信任。

虽然西方诚信思想的核心是契约观念,但在他们对契约的界定中要求契约主体双方都要讲求诚信、信守承诺,自觉履行义务与责任。自觉守信不只是道德规范,更表现为高尚的品德。霍布斯主张,为了确保和平及实施自然法,人们应当缔结一项契约,他指出遵守约定为正义之源,无契约即无所谓正义,有约定而不遵守就是不义。

二、诚信是一种道德约束

诚信自古以来就刻印在中华民族的基因中。儒家认为,诚是宇宙的本体和运行的本因,人要做的只是去"思诚"。此处的"诚"只是一种抽象的存在,必须把"诚"转换成"信"才能将其现实化。正因"信"以"诚"为基础,它才具有现实合理性。所以,只有具备了信德,人才可成为高尚的人,人与人之间的交往才得以可能,社会经济才能正常运转,国家才能得到有效治理[①]。

古人云"人无信不立""言必信,行必果"正是在强调守信的重要性。守信是指讲信义、重承诺,忠诚履行自身所应担负的责任,表里如一,言行一致。《道德经·第八十一章》写道:信言不美,美言不信。《论语·学而》中孔子也说道:与朋友交,言而有信。《孟子·离娄上》里讲道:诚者,天之道也;思诚者,人之道也。朱熹《朱子语类·中庸三》说:诚者,真实无妄之谓。周敦颐的《周子全书·通书·诚下》写道:诚,五常之本,百行之源也。司马光《资治通鉴·卷二》写道:国保于民,民保于信,等等。这些名人名言无不体现出古人对诚信的极度推崇和赞美,将诚信看作是制约人道、通与天道的信条[②]。

诚信是古代封建政府管理社会活动、保障社会稳定的重要手段。在中国古代自给自足的自然经济背景下,商品交易不发达,相关的制度规则并不完善,而道德则具有较强的制约力。在这一背景下,诚信主要作为一种道德手段来约束调整商品的交易,交易双方都需要具有契约精神,不欺诈,主动完成交易活动,否则就要受到严肃的道德谴责。如我国古代较为出名的晋商,他们讲究团结,诚信为

---

① 王辉.论企业诚信及其实现途径[J].征信,2009,27(5):77-79.
② 张娟.论允诺[D].武汉:华中科技大学,2002.

本，并以此约束自己。

李娜的《社会资本视角下社会诚信建设研究》认为，诚信是做人的基本行为规范。诚信能够调节和整合人们之间的利益关系，作为现实机制更有社会性和实践性的特征，既是道德规范，又是法律规范。

西方学者认为诚信是契约主体应当自觉履行的义务与责任。洛克不仅从正面阐述执政者必须要忠实地履行契约，而且从反面阐述执政者如果违背社会契约，侵犯了人民的权利，人民可以通过革命将其推翻。美国思想家潘恩更全面地发扬了这种思想：依据契约成立的政府，不具有商业般追求利益的性质，主要是人民对它的信赖，人民寄予希望信赖它，但也能够随时收回。

三、诚信是一种无形资本

李娜认为诚信是社会主义市场经济建立和发展的重要基石，由于市场经济活动存在交换与竞争的关系，更需要市场主体具备"契约"意识。因此，为了维护市场经济秩序，保证市场交易活动的顺利运行，就需要契约双方诚信履行自己所承担的义务。就企业和团体而言，诚信是形象、品牌，是一种无形资本，有利于推动企业的兴旺发达。就国家和政府而言，诚信的形象是人民拥护和支持的重要前提，同时良好的诚信国际形象是各国之间交往的重要保障，能够使之更好地在世界舞台上展示国家地位和民族尊严。

马克斯·韦伯认为："信用就是金钱。如果个体有信用，能够借到许多钱并妥善掌控，那么他就会获得丰富的收益。"这表现为对法律、法规的尊重和履行。反之，如果一个人不讲信用，不仅受到道德的谴责，而且受到法律的约束。因而，人们之间交往时应认真履行自身所应担负的责任，遵守诺言，言行一致，从而更好地引导社会人际关系的发展。[①]

综上，本书认为诚信是社会主体的一种高尚品质，也是社会主体的行事规则，是制约人道、通与天道的信条，还是一种推动企业兴旺发达的资本。

第二节 诚信的特点

一、普遍性

诚信作为一种道德约束，存在于个人层面，也存在于社会层面，存在于

---

① 霍布斯.利维坦[M].朱敏章，译.长春：吉林出版集团有限责任公司，2015.

社会各种人际关系中。在人们的经济生活、政治生活、精神生活等所有领域，都需要它存在，并发挥着作用。如果社会中缺少最基本的诚信，家庭、邻里、组织乃至国家就无法存在，甚至连基本的社会生产、生活和交往也无法有序进行。

二、根本性

诚信作为一种良好品质，是人在社会安身立命的重要品格，也是社会正常运行赖以实现的基础条件。虽然人不可能生而诚信，但人在社会上行走，时刻受诚信影响。随着社会交往的日益紧密，社会对行为者的诚信品质要求越高。人若丧失了诚信这一基本特性，可以说就从根本上丧失了人在社会中的生存能力。

三、相对稳定性

诚信是一种伦理关系的调节剂，是人们在交往中逐渐形成的关系及对对方品质的稳定性认识。诚信并不会在短时间里形成，但是，一旦双方之间建立了诚信的认同关系，这种认同就会具有稳定性和长期性，从而降低双方之间的交易成本。然而，如果诚信被破坏，要想恢复和重建诚信，则困难重重。

四、进化发展性

诚信反映的是一种社会关系，是社会历史的产物，它也必然会随着社会历史条件的变化而处在不断的进化过程中。伴随着人类社会的进化，诚信发展的总趋势必然是内容越来越丰富、社会价值越来越凸显，诚信系统各构成单元的相关性、整体性、结构性越来越优化。

第三节　诚信的分类

按不同的标准可以把诚信分成不同的类别与层次。按诚信的程度来分，可以分成相信、信赖、信托、信用四个层次。姜正冬的《论社会诚信》认为，相信即客体对主体进行长时间的观察，对主体诚信的品格给予肯定。这种肯定只是客体的一种感觉，而没有产生其他的联系，是一种单方面的判断。信赖即客体已经对主体相信且可以进一步发展，这时的客体认为可以将自己的某些利益交由主体发展。换句话说，信赖是客体对主体以一定利益为基础的相信。信托则是在信赖的基础上，客体实际地把自己的某些权益托付给主体，让主体经手自己的利益。显然，这时的主客体关系已经从纯主观判断领域进入客观利益领域，这是信赖的进一步深化和高级化。如果说相信、信赖、信托表述的都是客体态度的话，那么信用则是对主体态度的一种表述。它是主体对相信、信赖和信托的应用，即主体以客体对自己的相信、信赖和信托为例证，进而博得更多人的相信、信赖和信托，使自己能够运用更多的社会资源，去获取更大范围的社会收益。

根据主体不同，可以把诚信分成三种类别：个人诚信、企业诚信、政府诚信。个人诚信是指个人根据自己的诚信意愿和能力，在个人道德方面做出力所能及的承诺，并做到言行一致、信守诺言；在经济交往活动中履行约定，维护自身信誉、声誉和形象；在法律制度中履行契约、不欺诈、不侵害他人利益。企业诚信是指企业在遵守法律法规和市场规则的基础上，根据自身诚信意愿，考虑合理的经济利益，结合诚信能力，对利益相关者做出承诺，并履行契约、兑现承诺，以谋取公众信任、不断提升公众信任水平的动态过程。企业诚信的发展离不开利益相关者理论。利益相关者包括贸易伙伴，如公司股东、债权人、员工、消费者、供应商和其他压力团体；如政府部门、当地居民、媒体和环保主义者，甚至包括直接或间接受商业活动影响的自然环境和人类后代等。[①] 企业的生存和发展取决于公司对各利益相关者（而不仅仅是股东）利益的回应质量。政府诚信是指政府本着公平公正的原则，考虑国民生计问题，制定并严格执行法律，以使社会稳定可持续发展，解决民生问题，为人民谋幸福，以获得公众的信任。

综上所述，本书认为对诚信的理解可以划分为四个层面：第一个层面是诚德，即行为人诚实的品德与境界；第二个层面是守信，即行为人诚实守信的行为与能力；第三个层面是信任，信任包括"信"和"任"两个方面，其中"信"的含义是相信，是相信某个人的能力、经验或技能，从而愿意托付某件事、某项工作给对方，因而揭示的是一种关系；第四个层面是信誉或声誉，即当事人（个人、团体或政府）因前期的守信行为、能力或诚实品德赢得社会对其的正向评价。信誉或声誉是潜在贸易伙伴对合作者前期行为评估的重要指标。潜在的贸易伙伴根据前一时期的诚实信息和其他信息确定交易对象未来是否诚实，并决定是否与他们进行交易。[②]

---

① 李奇玥. 现代公司治理中的利益相关者理论［J］. 重庆科技学院学报（社会科学版），2014（6）：47-49.
② 文建东. 诚信、信任与经济学：国内外研究评述［J］. 福建论坛（人文社会科学版），2007（10）：20-24.

诚信的四个层面互相影响、密不可分。诚信的品质是信任的前提，诚实的内涵即优秀的道德品质。所以，想要外信于人，需要通过一定的行为，如履行承诺即守信，即外界信任来自自身的诚实品质，外界信任的累加可以赢得信誉或声誉。

第三章

企业诚信

第一节 企业的本质

企业是社会发展到一定阶段才产生的,是商品生产与商品交换发展的产物,企业形态的历史演变过程是其在不同阶段对外界不确定性环境做出协调反应的过程。企业的本质则是作为一种经济形式区别于其他经济形式的特殊性质。

一、企业是一种契约组织

1976年,詹森(Jenson)和麦克林(Michling)提出"企业的本质是合约关系",也可以说"企业只是一种形式上的法律虚拟物,是契约的联结"。他们认为企业与雇员、顾客、供应商之间是合约关系,存在于组织资产和现金流上的剩余索取权,不仅是能够被分割的,还可以在无须其他缔约者同意的情况下进行交易。然而,基于契约的不完全性,要在合同当中详细规定所有的可能发生的事情及其相应的对策是不可能的,因此有必要让某些人掌握"剩余控制权",以应对合同中未规定的事件出现的状况。也就是说,合同具有不完全性导致剩余所有权的存在,以至于存在关于合同当中没有明确规定的权利归属和权利行使问题。剩余所有权的归属和行使问题会影响事前投资,因为不能控制剩余所有权的投资方可能会因担心后续利益分配而减少投资额度。

二、企业是一种营利性的经济组织

传统社会中的基本经济细胞是家庭,而工业革命促使基本的经济主体由企业来担任。早期自由资本主义时期的观点认为,企业是一种营利性的经济组织,是专门为生产资料所有者谋求利润和进行自由竞争的一种经济组织。企业行为的最高目标也是唯一目标就是实现利润的最大化。国内曾就"社会主义企业是否以营利为目的"有过长期争论。20世纪50年代末，著名经济学家孙冶方曾提出，社会主义经济的核心也是企业经营的核心，就是以最少的劳动消耗取得最大的效果，利润是企业经营好坏的最集中表现[1]。人们将该理论称为"最小－最大"公式，不过当时该观点受到了批评。当前，人们普遍认识到社会主义企业的行为依然要遵循商品经济的价值规律。营利是企业行为的目的，但不是社会主义企业的唯一目的。正因营利是企业的目的，故企业在运营过程中往往会面临各种博弈。如短期利益与企业诚信的博弈，而博弈结果又会和企业当时所处阶段的能力、目标追求相匹配。企业的职能不仅是生产和经营，其行为也不仅是一个物质财富的创造过程。它既是生产力的基本组织，也是生产关系的凝结点。不管企业的外在形式如何变化或者其是否直接参加物质财富的创造过程，它始终是整个国民经济体系中最基本、最活跃和最富有创造力的经济组织。

三、企业是资产专用性的表现形式

企业能力理论属于战略管理领域中的一项新理论，该理论认为企业的本质是拥有一定能力和资源的组合体。它能在现实生产活动中运用这些能力和资源，同时还能以自己独特的方式处理现实生产中的种种困难。运行良好的企业能通过不断地获取资源、积累经验并在组织中传播知识技能来提高自己的竞争力，这些独特的资源也就成为企业的竞争优势。专业资产是指一种资产只有与某种特殊用途相结合时才有价值，否则其价值很难体现或价值低于投资成本。1979年，威廉姆森（Oliver Williamson）将资产专用性理论和交易成本理论结合，深化发展了交易成本理论，将资产专用性分成五类。资产专用性使得交易者趋向交易费用最小化的选择。同时，专用性资产是一种耐久性投入，是为支持某项特殊交易而进行的。若最初交易不成功，这一投入在其他最好用途的机会成本很低。因此，交易双方的具体身份非常重要。也就是说，关系的长久性具有价值，而维持交易双方关系的最基本也是最重要的原则就是双边要遵守诚信。

四、企业是一种具有社会责任的组织

1959年，Penrose在其著作《企业成长理论》中提出"企业是人力资产和人际关系的集合"的概念，这成为利益相关者理论的基础[2]。随后30年间，学者们从不同角度定义利益相关者，对其的定义也多达30多种。直至1984年，弗里曼

---

[1] 孙舰，王博.企业本质的演进及研究前沿[J].生产力研究，2017（2）：121-126.
[2] PENROSE E T.企业成长理论[M].赵晓，译，上海：上海人民出版社，1959.

（Freeman）在其著作《战略管理：利益相关者方法》中明确提出了利益相关者理论，使得该理论得到极大程度的丰富和完善。[①] 不过，弗里曼对利益相关者的界定也为以后的实证和实践带来很大限制，因为他只是从广义上笼统地将所有利益相关者放在同一层面进行整体研究。国内学者综合已有的几种观点，在强调投资专用性的同时考虑了企业与利益相关者的相互影响，将利益相关者定义为：在企业中进行投资并承担风险的个人和团体，可以影响或改变企业的目标，或者受到企业实现目标过程的影响。利益相关者理论的实践则是指管理者为了综合平衡各利益相关者的要求而进行的管理活动。利益相关者理论关注的是利益相关者的投入和参与，而非传统股东至上主义中的完全股东利益。企业所追求的并非某些主体的利益，而是利益相关者的整体利益。[②] 所以，企业的存在不只是要为股东创造财富，而且要为利益相关者或者说为社会创造财富，应该是一个具有"社会责任"的组织。企业的社会责任不只体现在其在国家法律法规范围内经营，还体现在其对合作伙伴、消费者以及社会、自然环境等多方面的行为表现。

第二节　企业诚信的产生

一、企业诚信产生于市场博弈的需要

企业在新古典经济学中被当作是理性人，企业所做的决策都是一种有限选择。在市场交易过程中，特别在市场交易涉及因素更多、过程更加复杂的情况下，由于顾客所掌握的企业信息不完全或者不准确，企业很可能会利用这一缺陷进行机会主义行为，以欺骗顾客来实现自身利益最大化。其实，顾客很难从表象上看出和分辨企业是否诚实守信或者欺瞒诈骗。如果交易的一方通过投机行为获得了大于成本的收益，在利益的诱惑下，这一企业很可能会继续采用同样的方式进行经营活动，若这种交易是一次性的，即使是法律的监督作用也无法进行及时有效的干预，那么企业的这种成功也就可能获得预期收益。

然而，在市场经济中企业间的交易并不总是一次性的，有时可能会有多次交易。在第一次交易中如果其中一方发生了投机欺骗行为，那么受骗的一方是很难与其发生第二次交易的，甚至还会口口相传揭露其虚假交易行为，这势必会影响欺诈企业的声誉和企业形象，从长远来看更是不利于企业的发展。因此，基于企

[①] FREEMAN R E.战略管理：利益相关者的方法［M］.王彦华，梁豪，译，上海译文出版社，1984.
[②] 孙舰，王博.企业本质的演进及研究前沿［J］.生产力研究，2017（2）：121-126.

业的生存发展和长期目标，企业必须选择诚信。一般来说，企业诚信的形成和发展可以分为三个阶段：第一，以交易双方的收益和损失为特征；第二，交易双方通过多次交易形成博弈均衡，这种均衡的特征是双方相互理解；第三，双方之间建立信任交易的特点[①]。

二、企业诚信是企业成长的结果

企业一开始由于受制于有关法律和规章制度，会先仿照参考一些相关成功企业的做法来制定简单的规章制度，进行有形资产的经营。在经营实践中，企业会不断积累、总结经验教训，不断修改、调整先前的规章制度，进而创造和升华无形资产。通过有形资产和无形资产的相互融合和相互作用的经营实践，最后进入诚信经营这一较高层级。企业处在不同发展阶段时，其诚信态度和所表现出来的诚信水平是有差异的。企业诚信的演变大致可以分为初创期、成长期和成熟期三个阶段。

（一）初创期

该阶段企业的特点是注重短期目标，当利益和诚信发生冲突时，会更加关注利益的诉求。企业这一时期的主要目标是生存，因其自身资源禀赋低，需要大量资本积累，以追求更多的经济利润。在利益和诚信的博弈中，企业会偏向利益诉求，弱化诚信诉求。同时，有限的资源也会限制企业的诚信能力，又因公众对企业认知度较低，对其诚信的关注较少，所以本阶段的企业总体诚信水平较低。由此来看，即使企业的诚信品质较好，在面对失信行为可以带来更多利益时，也会选择偏向于短期的利益追求而放弃道德追求，更有可能选择失信行为。

（二）成长期

该阶段企业的特点是利益和德性两者并重、相互促进。这一时期企业已基本解决了生存问题，目标在于寻求更大的发展，因而需要扩大市场，获得消费者的信赖。经过前期的资本积累，企业已具有一定的诚信能力，也有能力将诚德品质规划到企业的长期追求中，自觉提高自身的诚德修养。同时，公众对企业的认知度提高，对企业诚信的要求更高，故这一阶段的企业诚信水平较初创期会有较大的提升，并且企业开始进行诚信建设。这一阶段，当诚德和利益相冲突时，具有良好诚德修养的企业将不再仅仅关注眼前的利益追求，而是会兼顾道德诉求和利益追求，以决定其行为选择。

---

① 李军波，董常亮.企业诚信的形成及其建设研究[J].现代管理科学，2006（7）：71-72.

（三）成熟期

该阶段企业的特点是更注重德性。这一时期的企业已达到稳定，需要依靠诚信树立良好的口碑，提高客户和员工的忠诚度，以保持稳定的市场地位。本时期的企业已经具有较高的诚信水平，且更加重视诚信体系的维护和完善。在面对诚德和利益的冲突时，成熟期的企业会自觉进一步提高自身的诚德修养，同时，企业会放弃短期的眼前利益，追求更长远的利益和更高的道德水平。

第三节　企业诚信的内涵

企业作为一个经济主体，企业诚信就是其在社会上"安身立命"的基本保障，同时包括了"诚"的目的性价值和"信"的工具性价值，也就是要体现内在目的性与外在工具性的辩证统一。在内在目的性方面，企业从事经营活动的最终目的是以其产品或服务来满足人们的物质或精神需求而非短期利益最大化。只有明确了这一点，企业才能赢得客户，才有可能在市场竞争中获胜，才可能获得期望利润。在外在工具性方面，由于企业诚信的基本内容是履行契约，当市场主体进行交易时，要想取得圆满成功，就必须考虑对方的需求与利益。虽然存在一些企业违反诚信而获得利益的现象，但它们会因此损失长远利益。任何企业都想以最少的成本换取最大的利益，然而，成本是基于整个行业的社会必要劳动时间决定的。企业在生产经营活动中必须承担社会责任和义务，维护市场秩序的稳定。所以，企业诚信就是企业将谋求自身发展与为社会提供有效的产品与服务相结合，谋取公众信任且不断提升公众信任水平，以维护市场秩序和社会稳定繁荣的过程。

西方对企业诚信的研究非常丰富。马克思在其著作《资本论》中指出，资本主义生产发展的两个最强有力的杠杆就是竞争和信用。他认为，信用减少了作为资本主义生产动力的剥削，是转向新生产方式的过渡形式，伴随市场经济的发展，企业离不开信用。[①] 相同地，社会主义市场经济要想健康发展，必须建立企业诚信体系并不断完善。根据这一观点，企业诚信要求企业在市场经济活动中必须遵纪守法、诚实守信，它是企业在市场经济中取得成功的基础和保障，是企业无形资产的重要组成部分。[②]

我国有关企业诚信的研究也日渐丰富。结合当代企业经营中关于诚信的事实，本书将企业诚信的概念界定为：企业在遵守法律法规和市场规则的基础

---

① 吴汉东.论信用权[J].法学，2001（1）：41.
② 李邢西.企业文化与企业诚信[J].中国流通经济，2011，25（11）：93-97.

上，根据自身意愿，考虑合理的经济利益，结合诚信能力，对利益相关者做出承诺并履行契约、兑现承诺，以谋取公众信任、不断提升公众信任水平的动态过程。

第四节 企业诚信的理论基础

一、交易成本理论

按交易的时序，可以把交易费用分为：寻找交易伙伴的成本；收集交易信息（如交易价格）的成本；谈判（如讨价还价）的成本；签订交易契约的成本；履行契约的成本；监督契约的成本；制裁违约行为的成本等。假设发生交易，寻找交易伙伴的成本、收集交易信息的成本、谈判成本、承包成本和绩效成本是确定的，因此监管成本越高，交易成本越高。为了便于分析，这里先定义几个关键词。[1]如果没有合同的一方，由于另一方违反合同部分条款，寻求合法手段或其他手段来制裁另一方，则违约被称为不完全违约。此类违约通常较为温和，不会导致整体违约，且双方仍在正常履行合同其他条款。如果合同的一方因合同违约而放弃合同，寻找合法手段或其他手段来制裁另一方，则违约被称为完全违约。假设交易总成本中其他成本是确定的，如果我们想从交易中获得更多利润，则应该最小化监管成本。交易双方的诚信可以极大地减小监管成本。诚信可以看作一方对另一方表现的信任程度，或一方对另一方的可信度。为了保证交易的成功，如果交易双方的诚信度相对较低，那么双方将投入更多的精力去监督另一方的履行合同情况。例如，收集尽可能多的关于另一方活动的信息，分析信息并判断对方的行为是否违反合同，从而监督成本会比较大。相反，如果双方的诚信度相对较高，那么双方将在一定程度上放松对对方的监管，从而使监管成本相对较小。[2]所以，完整性程度和交易成本是反向相关的，并且交易成本与交易效用成反比，完整性程度与交易效用成正比。因此，边际交易效用损失是递增的，即对于每个额外的监管成本单位，交易效用的损失是递增的。因为监督成本在一定程度上增加，制裁违约的成本将会发生。此处，制裁违规成本仅包括制裁不完全违约的成本，不包括制裁完全违约（例如诉讼）的成本。制裁不完全违约的成本主要是在另一方违约后谈判索赔、警告、威胁和其

---

[1] 王斯琪. 诚信与交易费用 [J]. 兰州学刊，2004（3）：112-113.
[2] 肖建. 诚信的经济学分析 [J]. 财经问题研究，2003（4）：16-19.

他制裁活动的成本。另一方违约的情况越明显，相应的制裁成本就越高。在正常情况下，当监管成本达到一定水平时，通常会发生制裁违约的成本。如果双方没有发生不完全违约，制裁成本是不是就不存在了？事实上，即使双方正常地履行了合同，由于对合同的理解不同或某些事故的发生，双方仍然可能会发生争议。

诚信会对经济绩效产生影响。诚信度越低，监管成本加速增加和制裁成本将加速交易效用的下降。相反，如果合同双方都具有高度的诚信，则可以节省监管费用和制裁违约费用，从而提高经济效益。我们发现，从两个层面可以理解和分析诚信对经济绩效的影响：首先，由于信誉的差异，确定了监管成本和制裁违约成本，这影响了经济绩效。其次，由于一方违反了诚信原则，发生了完全违约，增加了双方的交易成本，影响了交易的总效用，影响了经济绩效。上述分析最有意义的结论是：即使合同当事人未在合同中出现完全违约，诚信对经济绩效的影响仍然存在。原因在于可信度的差异决定了不同的交易成本，尤其是监管成本和制裁违约成本。而这类成本往往是我们容易忽视的。从整个社会的角度来看，这种成本非常庞大，不容忽视。

二、博弈论

博弈论认为，博弈的双方总是从自己的角度寻找自己的最优策略，如果是多次博弈的话，会常选择相互合作来规避各种报复性行为。但当博弈次数受到约束时，则常以一种不合作的形式带来博弈的结束。原因就在于规避性趋因无法对对方的任何行为进行惩罚约束或其他规范，即无法进行相应的报复行为。在正规系统健全并且可以重复博弈的市场环境中，诚信是公司的最佳策略。

在市场经济的背景下，企业的发展离不开博弈，好的博弈使得企业的利益最大化。博弈论是研究经济行为方行为策略选择的理论或方法。博弈论的主要研究方法是将现实经济世界中某些行为者的冲突和竞争抽象为某种博弈模型。从博弈论角度研究的静态完全信息博弈问题反映了博弈论的研究越来越接近现实。[①] 我们可以通过一个模型来证明博弈论对公司诚信的影响，假设监管是完全有效的，也就是说，监管机构会发现企业的任何欺诈活动，并会对欺诈进行惩处，在此假设下，企业博弈的收益矩阵如表3-1所示。

---

① 李军波，董常亮. 企业诚信的形成及其建设研究[J]. 现代管理科学，2006（7）：71-72.

表 3-1　诚信与欺诈的博弈

A 公司 \ B 公司	诚信	欺诈
诚信	X, X	$0, -Y$
欺诈	$-Y, 0$	$-Y, -Y$

在这个模型中，如果 A 公司和 B 公司都选择诚信，收入都是 X；如果 A 公司选择诚信并且 B 公司选择欺诈，根据假设，A 公司被欺诈的份额将全部被返还，被骗的和被返还的相抵，最终收入为 0；B 公司将因欺诈被罚款 Y，因此，最终收入为 $-Y$；同样，如果 A 公司选择欺诈而 B 公司选择诚信，它们的收入分别为 $-Y$ 和 0；如果两家公司都选择欺诈，收入则都是 $-Y$。在这个模型中，无论 A 公司选择诚信还是欺诈，B 公司的最佳策略都是诚信，无论 B 公司选择诚信还是欺诈，A 公司的最佳策略也是诚信。这种（诚信，诚信）的战略组合是一种纳什均衡。由此发现，若外界能进行有效的监督，企业诚信率会大大提高，必然会带来较高的诚信价值。若想实现帕累托最优，以个人理性带动集体理性，企业必然选取诚信经营。

当进一步研究诚信模型中的"双赢"问题时，我们引入了一个双人合作重复博弈模型，其中信息不完全接近现实，并以此来细化纳什均衡思想和海萨尼的不完全信息博弈论并进行分析。泽尔滕针对纳什均衡存在忽略局中人改变策略可能性的局限性，提出了子博弈精炼纳什均衡的概念，完善了纳什均衡。他的基本思想是，局中人一步一步博弈，先行者使用其前置位置，后者必然理性反应，来达到对其最有利的纳什均衡。在纳什均衡中，假设局中人了解其他对手选择的策略，但是事实上并非如此，因为局中人在博弈之初并不能掌握其他对手的所有信息。为了解决这个问题，海萨尼建立了一个信息不完全博弈，其基本思想是：假设一个两步博弈，每个局中人的其他信息起点是相同的，但不同之处在于理解博弈规则的不确定性的不同。这种不确定性将在博弈中得到解决，局中人将对如何解决这一不确定性进行先验判断。换句话说，局中人将受到下一次博弈信息反馈的影响。现假设两人进行合作，在重复交易博弈中，两人均具有不完整的信息，设为 A 公司和 B 公司，可以采取的策略有提价与降价，则二者构成的四维收益矩阵见表 3-2。

表 3-2　降价与提价的博弈

A公司＼B公司	降价	提价
降价	1, 1	6, 0
提价	0, 6	5, 5

处于未知情况下，A公司与B公司均想得到最高的效用6，但是二者采取不合作态度，在纳什均衡思想作用下，二者均只能得到最低的效用。也就是说，A公司和B公司都只能得到效用1，远远不是6；该协议采取了提价策略，则二者达到共赢状态，可以获得双5的效用。当双方坚守诚信行为，则双赢随着重复比赛仍将继续下去。但是，如果在博弈过程中，A公司采取降价的失信策略，其将获得效用6，B公司则失去所有的效用。在重复交易中，处于信息不对称状态的B公司，依据之前的经验，A公司会再采取降价失信行为，且A公司在分析的基础上也会预测到B的行为而采取降价策略，最终会得到（1，1）的效用组合。

综上所述，可见诚信一旦被破坏，双赢局面就会被打破。因为在下一场博弈中，企业将对对手做出先验判断，则不可能出现双赢情况，局中人的效用均受影响。实际上，现实中更多的是多个合作伙伴的博弈，如为了避免价格恶性竞争，同行业的企业会进行一场谈判，并根据谈判结果签署定价协议。合作方在谈判的基础上选择互信守信，就不会选择将商品价格降价到低于成本，或降至低于交易方约定的价格，以规避产生更多的价格恶性竞争。中国的饮用纯净水行业、汽车行业、彩电行业等都有类似经历。当然，我们不能将彩电的价格战归咎于各厂家的不守信，但诚信问题至少是其中一个因素。

三、道德资本理论

现代企业制度主要研究企业所有者和经营者之间相对分离的情形。由于信息不对称和有限理性人假设，势必会出现道德风险问题。Neumann 和 Morgensterin 在他们的《博弈论与经济行为》一书中具体分析了道德风险问题。指出信息不对称会造成一定程度的道德风险，信息的完整与否影响道德风险的大小。当处于一种低诚信度的环境氛围时，很多合作方因为担心存在道德风险而拒绝签署合同，进而对整个市场的经济效率产生影响。总的来说，诚信的道德资本功能体现在如下几个方面。

（1）诚信作为一种道德资本，其投资和运作可以有效促进社会资本的形成和发展。在现代经济生活中，物质资本、技术资本、人力资本均是促进企业经济增长的重要因素。社会资本的投入量同样是影响市场经济发展的必要因素。基于社会理论，合作双方彼此信任、相互承诺并信守承诺，会同企业独有的人、财、物相关资源，共同形成企业利润的来源。美国著名学者弗朗西斯·福山基于经济发展和社会繁荣对社会资本进行研究发现，社会群体间的信任程度比物质资本、人力资本具有更高的价值。同样，有研究证明当企业处于高信任度的社会中时，组织更有可能创新，不仅能频现大型企业，更能运用现代信息技术将小企业并入社会大网络，促进社会的信任程度。[①] 美国哈佛大学社会学教授罗伯特·D.普特南曾提出："社会资本是指社会组织的特征，如信任、规范和网络，它们可以通过促进协调行动来提高社会效率。"[②] 社会成员之间的相互信任构成了社会资本的核心，正如弗朗西斯·福山的观点，社会资本的创造方式与人力资本、物质资本不同，并不能通过一些理性投资获得，其获得方式集中于全体成员形成的团队道德规范。其运作与投资，可以有效提升协会与协会、人与人之间的相互信任，这对企业本身来说便是一种社会资本。

（2）诚信道德资本在一定程度上可以有效提高人力资本的经济质量。经济活动中经济人常常用"资本"衡量企业"财富"，企业生产过程中人是作为劳动者参与的，具有凝聚力、创造力。从人力资本的实体形态来看，它是活的人体所拥有的体力、健康、经验、知识和技能及其他精神存量的总称，它可以在未来特定经济活动中给有关经济行为主体带来剩余价值或利润收益。[②] 总的来说，人力资本是企业获利的重要资源，其经济质量主要取决于经济主体的"诚信特质"，诚信主体必然不可能在生产过程中欺上瞒下和偷工减料等。相反，他会尽力释放他所拥有的所有能量，合法经营，诚实劳动，竭诚服务，致力于经济活动。而员工的诚信意识是实现企业利润增长和持久价值的重要力量。忠诚的员工不会轻易跳槽，会忠诚于企业，忠诚于工作，常常将公司视为自己的第二个家，在日常工作中降低公司各项成本，提高各种成效，丰富与客户相关的价值内涵，培养客户对公司产品或服务的忠诚度。这种忠诚度可以为企业带来较高的业务增长、营利能力以及更高更持久的价值。为此，企业若想立于不败之地，必将不断创造自身价值及外界对其的忠诚度。正如国内外十分重视诚信道德资本的投入，通过企业经营过程提高相应主体的诚信道德品质。建立完善的信用制度，为今后企业人才选拔提供相应的测试题项，将企业主体的诚信特质作为企业人力资本的重要考核

---

① 王斯琪.诚信与交易费用[J].兰州学刊，2004（3）：112-113.
② 肖建.诚信的经济学分析[J].财经问题研究，2003（4）：16-19.

指标，此外在企业实际业务管理中，通过培养与提高相应主体的忠诚度来建设企业。

（3）诚信的道德资本投入和经营同时可以有效提高经济实体的市场份额。有研究表明，企业的经济效率与其市场份额成正比，运作企业诚信的道德资本，可以显著提高其市场声誉、市场占有率。具体来说，就是将企业的经济诚信长期连续地投入市场，最终以经济带来较高的信誉。这是企业的一种无形资产，根据实际价值评估，形成企业重要的投资资本，即将其未来所产生的现金流计算贴现价值。一是从信贷市场的视角来看，信誉是较好的融资工具。自古以来，人们通常只愿意借钱给有信誉的人。这一原理同样也适用于现代经济主体。公司和银行都愿意给有信誉的经济实体提供贷款。二是从产品市场的角度来看，信誉是捕捉产品市场的最佳武器。有良好信誉的产品犹如优质品牌的产品，可以赢得消费者的青睐。三是从资本市场的视角来看，投资者比较关注企业信誉。近年来，投资者越来越多地在投资时选择具有社会责任感的公司。基于经济学视角来看，信誉投资能获得更高更持久的回报，即使不考虑企业的道德因素，企业的信誉投资也能获得较高的效应。总的来说，经济主体获得较高的资本投入因素必然有信誉资本的作用。

（4）诚信道德资本的投资和运作可以有效提高市场交易效率[①]。市场交易效率是指交易成本与总交易成本的比率。毫无疑问，诚信道德资本可以有效地提高这一比率。当整个市场诚信度较高时，交易双方可以减少相互监督产生的成本，其总交易成本会得到有效的降低，且会形成一种有效的良性循环。诚信道德资本与强制性的、严肃的法律制度不同，其更着重于个体（企业等）自身"德性"的修养，着重于自我约束。当整个社会的诚信水平较高时，其可以对正式的制度产生更强的促进作用，而失去了道德支撑的正式制度，其作用会大大减小，甚至形同虚设。因此，诚信道德资本可以有效防止失信行为的发生。"只有普遍信任才能满足基于非个性化交易中普遍合理性的广泛和持久的合作期望，从而有可能扩大交易顺序并降低交易成本"。普遍信任一旦建立，就可以轻松处理交易过程中的许多事情：避免设置冗长的合同；减少防止事故发生的各种保障措施；减少处理诉讼纠纷的各种争议，也意味着降低诉讼纠纷解决的可能性。所以，福山认为："作为经济关系的附加条件，高度信任可以降低经济学家所称的交易成本。"

可见，交易成本理论揭示了诚信对经济绩效的影响，即如果交易双方诚信

---

① 李玉琴.经济诚信论［D］.南京：南京师范大学，2004.

度越低，那么监管成本越高，制裁成本越高，交易效用下降得越明显。相反，如果交易双方诚信度高，他们就可以节省监管费用和制裁违约费用，从而提高经济效益。

四、利益相关者理论

利益相关者理论是指企业在生产经营中与其他的社会主体，如股东、债权人、雇员、消费者、供应商、政府、居民、社区、媒体等发生这样或那样的利益关系，同时，还可能与自然环境、人类代际发生直接或间接的关系。基于此，企业经营者在进行经营决策时综合考虑这些社会主体利益诉求的管理思想。该理论认为任何企业的发展都离不开各利益相关者的投入或参与，其中部分利益相关者参与企业投资，部分分担企业经营风险，部分对企业进行监督和约束，或多或少对企业日常经营活动付出一定的代价。为此企业未来生存与发展不能仅仅为某些主体谋利益，而应当兼顾各利益相关者的整体利益。从这个意义上讲，企业诚信就是满足利益相关者的利益诉求，这决定着企业未来长期生存与发展的状态。

（一）企业对消费者的诚信

消费者是企业服务的对象，也是直接决定企业生存与发展的关键利益相关者。"顾客是上帝"，这是当今社会普遍信奉的营销标准。但在实际中，企业是否保持言行一致，是否诚实守信，关键在于企业的社会责任感。消费者信任度和满意度来源于企业的社会责任感，而消费者的"口碑"效应一定程度上则决定企业的生死存亡。研究发现，若有一名顾客被企业欺骗，其影响力相当于企业商品影响30多位顾客的购买意愿、购买态度及购买行为，且大多数消费者对企业的关注与影响是全面的。消费者在决定是否购买企业的产品或服务前，不仅关注企业的财力，更关注企业的价值观、社会声誉以及企业过往交易状况。企业应向消费者提供价格与质量相匹配的产品或服务，即诚信产品或服务，包含真实、对等、透明的信息。同时，消费者比较注重于企业对员工的真实态度，例如企业员工是否获得企业合法权益保护，是否具有较高的员工满意度等信息，这些均反映了消费者对企业社会责任行为的监督。

（二）企业对供应商的诚信

供应商也是企业至关重要的利益相关者。供应商为企业提供原材料，其产品的质量关系到生产企业的产品质量，可以说是一荣俱荣，一损俱损。现代社会，企业与供应商是一种战略联盟的伙伴关系，供应商不仅为企业单纯提供原材料，更是一个与企业利益休戚相关的伙伴。如果供应商对企业产生不良印象，定会全线退出企业合作，不仅会给企业带来经济损失，更会带来声誉损失。为此要求合作企业具有较高的"诚信品质"，注重社会责任感，越有社会责任感的企业越值得长期合作。企业与供应商的交往中，双方要自觉恪守承诺，相互尊重，公平竞争，诚实守信，认真履行义务和责任，共同创造竞争有序的市场环境，促进双方共同发展。

（三）企业对员工的诚信

员工是企业诚信的践行者，也是企业诚信的直接受益者。企业对员工的诚信主要表现在对员工履行社会责任，如按员工的劳动或贡献支付薪酬，提供安全干净的工作环境，提供具备培训晋升以及各种福利权利保障的发展空间，等等。只有企业诚实守信地兑现对员工的承诺，才能吸引和留住人才，才能创造企业和谐发展的空间。

（四）企业对政府的诚信

企业对政府的诚信体现在遵守政府政策和法律法规，诚信纳税，合法合规经营。企业对政府来说是一个团体公民，其经济活动有一定的限制范围，包括对政府、公众的公共关系活动也必须合法。在政府政策规制下，企业只有长期守信才能在社会中树立良好的形象，获得政府以及社会大众的认可，否则可能会受到法律惩罚和行政处罚，甚至倒闭。同时，企业必须自觉服从政府的管理。如政府提倡反腐倡廉，工商企业应该在经济活动中遵守廉洁奉公的原则，如果出现某些政府官员进行权钱交易的腐败活动，企业的相关人员要坚决抵制，还可向企业管理当局举报。此外，企业还需积极响应政府的号召，参与公益活动，如赞助社会公益事业、维护社会治安等活动，展现出企业作为"社会公民"的担当。企业是经济组织，要维护自身的利益目标，但政府是社会整体利益的代表，企业追求自身利益的同时，不能违背政府意愿，唯有如此，才能得到政府和社会公众的支持。

第五节 企业诚信的作用机理

企业诚信是一个系统，主要核心包括两个部分，即诚德和信用。诚德是指道德体系中的"诚"，即"内诚于心"，是企业主体的内在德性和道德原则，是一种道德修养，是诚信"知"的表现，如真诚、诚实、诚恳等。信用是指企业主体在自身利益和诚德博弈之后的外在诚信表现，是可以形象、客观描述的主体行为，如讲信用、言出必行等，是诚信"行"的表现。在市场中，企业主体的"行"主要表现在与利益相关者有关的行为和活动中。本书认为企业从事经营活动的最终目的是满足人们的物质或精神需求而非利益最大化，因此，企业诚信是企业应该坚守的底线，即在诚信和利益选择中，企业应将诚信置于第一位。因此，企业在自身利益和诚德博弈的过程中，无论二者表现为对抗的、相互促进的或者互不影响的状态，企业无论获利与否，都应坚持诚信。这一机理也认为，企业主体应以诚信的动机出发，而非单纯的本体利益诉求。企业诚信的具体作用机制如图 3-1 所示。

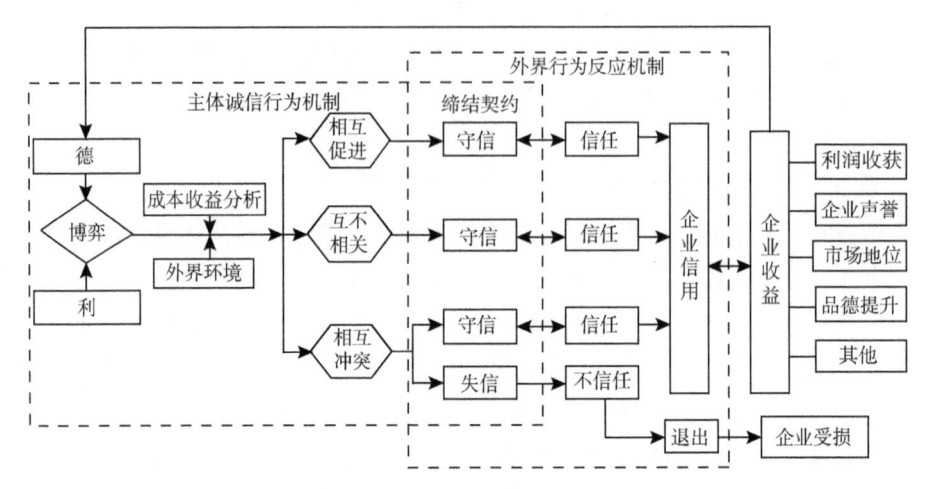

图 3-1　企业诚信的作用机制

第四章

企业诚信体系的内容与结构

第一节　企业诚信体系的内涵

诚信体系作为诚信制度的核心内容，对社会诚信的完善和发展具有重要的促进作用，是对失信行为进行监督、制约和惩戒的一种社会机制。在社会迅速发展的今天，企业尤其需要加强诚信体系建设，进而促使主体责任落实。

何谓企业诚信体系？企业诚信体系作为社会诚信体系的重要组成部分之一，是依据国家的相关法律法规，结合一个国家市场经济状况与企业自身的实际特点，为了促进企业诚信环境优化，降低获取订单、融资等服务成本，并能够有效防控信用和欺诈风险，最终实现企业之间协同效率提升而建立诚信评估模型，然后根据一定规则，将与之相关的诚信信息征集起来，通过科学、合理、公平、公正、权威的评价，对企业诚信水平等级进行分别鉴定，对企业诚信状况进行公开发布，实现诚信信息共享并进行公示的综合体系。企业诚信体系建立的目的是维护社会秩序的正常运转，帮助并指导企业选择诚信经营行为，树立诚信经营理念，加强行业诚信自律，促进企业信用成长。目前，随着我国市场经济水平的不断提升，企业诚信体系已经成为企业市场竞争力的重要保障因素。企业诚信体系建设是一个综合性、系统性的工程。完整化的企业诚信体系构建，需要全方位系统思考，这是企业树立诚信经营意识、净化市场经济环境的重要举措。

第二节　企业诚信体系的分类

企业诚信体系是一个系统工程，它的建设包括以下内容：产权安排中的诚信；治理结构中的诚信；管理制度中的诚信；采购管理中的诚信；生产管理中的诚信；销售管理中的诚信；售后服务中的诚信；财务会计中的诚信；企业家及管理团队的诚信；人力资源管理中的诚信；企业文化中的诚信；政府与企业互动中的诚信；道德建设中的诚信；人际关系中的诚信；等等。

按不同的标准可以分成不同类别的诚信体系。按照利益相关者来划分，企业是一种营利性的经济组织，其在营利的过程中，会与股东、债权人、雇员、消费者、供应商、政府、居民、社区、媒体等利益相关者发生利益关系，因此调节企业与利益相关者的诚信原则。因而包括：企业与顾客关系中的诚信；企业与竞争者关系中的诚信；企业与供应商的诚信；企业与经销商的诚信；企业与环境的诚信；企业与管理者的诚信；企业与员工的诚信；等等。

按企业内部流程与职能划分，企业诚信体系则包括：采购中的诚信；研发中的诚信；生产中的诚信；营销中的诚信；财务中的诚信；人力资源管理中的诚信；等等。

按诚信的作用机制来划分，企业诚信体系可分为：企业诚信激励机制；企业诚信预警机制；企业诚信规范机制；企业诚信惩戒机制；企业诚信沟通机制；等等。

本书将企业诚信体系划分为企业内部诚信、企业市场诚信、企业社会诚信三个层面，下文对企业诚信体系划分的三个层面进行详细阐述。

第三节　企业诚信体系的内容

企业诚信体系建设是企业的生存之本与发展之道，企业诚信体系包含企业内部诚信、企业市场诚信以及企业社会诚信。企业内部诚信具体包括企业内部的个人诚信、人际诚信、业务流程诚信、制度诚信和文化诚信。企业市场诚信包含产品质量诚信、服务诚信、竞争诚信。企业社会诚信具体包含企业与政府的诚信、企业与媒体的诚信、企业与社会组织的诚信、企业与外部审计的诚信以及企业遵守法律法规。

一、企业内部诚信

企业作为市场经济活动最重要的主体，对社会信用体系有着极其重要的影响，直接影响着国民经济状况的好坏和社会秩序的稳定。企业内部诚信体系的建立有利于制约企业的不诚信经营行为，有利于促进市场经济稳定持续地良性发展。通过在企业内部培养诚信的企业文化，用诚信的企业文化感染员工、激励员工以诚实的态度对待自己的工作和身边的同事，发挥文化育人和引领的功能，特别是在塑造、培养企业员工的态度和行为方面发挥着不可替代的作用。具体来说做到以下几方面：首先是权责分明的管理结构，充分发挥不同部门人员的才能，调动员工的积极性和主动性，在企业的各个业务流程做到诚信。其次，企业诚信文化的建设要求领导者、管理者要以身作则，身体力行，用实际行动将企业的诚信理念传递给每一位员工，并对员工要始终如一地保持人文关怀，在无形中影响、感染员工。最后，企业诚信体系建设要求企业要重视集体行为，提高员工的集体责任感和荣誉感，增强员工的团队协作意识，加强沟通，使其充分发挥自己的智慧和力量，提高员工工作的主动性，增强团队的战斗力。在企业内部诚信体系建设过程中，特别重要的是，领导层要认真履行对员工的承诺，做到言而有信。只有企业领导与员工共同努力，企业才能在激烈的市场竞争中立于不败之地。由此可见，企业内部只有从领导层到普通员工，从相互关系至个人行为，树立诚信意识，规范诚信行为，才能形成浓厚的企业诚信文化氛围。

（一）企业内部的人际诚信

企业内部人际诚信主要表现在企业内部人际关系中，特别是团队或上下级关系中的诚信，包括管理者与员工（上下级）之间、员工与员工（同事）之间以及部门与部门之间的诚信，这是企业诚信体系的重要因素，也是创造企业持续竞争优势的核心能力的重要来源。不同学者对人际诚信给出了不同的定义，但就以下两点基本达成共识：一是人际诚信属于心理状态；二是人际诚信能够产生的两个必要条件是风险和相互依赖性。学者指出影响人际诚信的因素主要分为以下三类：①契约型（外部环境、制度的控制手段）；②认知型（对被信任方全方位、全面的特质认知情况）；③情感型（与被信任者的亲密度和情感关系）。

（二）企业的个人诚信

企业的个人诚信包括企业家（或老板）诚信和员工的诚信。企业家诚信主要表现为以身作则，诚实守信，"君子爱财，取之有道"等行为。企业家的诚信如标杆，对员工可以起到模范带头作用。员工诚信最基本的表现则是其对待本职工作的态度，即员工的职业化、专业化问题。员工诚信并不是随着企业的成立而天然存在的，这需要企业后期坚持不懈地建设和培育，需要企业对员工进行诚信培训和管理。陈凯元在《你在为谁工作》一书中写道："态度决定一切，细节决定成败。"企业中的员工只有具有工匠精神，爱岗敬业，坚持职业操守，精益求精，才能兢兢业业做好本职工作。而员工办事效率低下，人浮于事，做事怕担责互相推诿，只将诚信法则"挂在嘴边"，未能言行一致，甚至对规章制度视而不见，作风懒散，随心所欲，则是践踏诚信原则。在员工诚信中，企业的整体技术水平以及企业员工个人的技术能力对企业的诚信也有重要影响，员工的技术水平高、专业技能强，更有助于员工的诚信行为。

（三）企业的业务流程诚信

企业内部诚信体系的构建离不开内部业务流程和职能的诚信，一般包括采购管理业务诚信、研发管理业务诚信、生产管理业务诚信、销售管理业务诚信、财务诚信和人力资源管理诚信。在采购环节做到诚信，要求采购的过程中，依照规章制度履行好自己的权利和义务，做到以需求为导向，严格把控采购质量。同等质量比价格，同等价格比质量。保证优质优价，讲究信誉，维护形象，不得有欺诈、隐瞒、滥用权利的行为，坚守诚信采购。在研发环节做到诚信，要求以人为本。以开放、平等、诚信的企业文化为研发基石，将用户的真实需求作为驱动研发进步和创新的根本动力。在生产环节做到诚信，要求在生产过程中不得偷工减料，物料按规定配比。对基础工艺、原材料等进行全过程质量管理，保证生产环节的质量和安全，诚信生产。在销售环节做到诚信，要求在企业的销售活动中采取诚信营销策略，营销行为应遵守国家法律法规和社会道德规范，并且企业和客户之间应该始终坚持信息对称原则，确保营销信息的真实性和准确性，无欺诈、隐瞒等不诚信行为发生。尊重消费者真实意愿，保证企业营销行为的公开、公平和公正。财务中的诚信要求会计核算严格按照规范进行操作，实事求是，保证数据的真实性和准确性，不弄虚作假，不编造和提供虚假财务报表等。人力资源管理中的诚信要求企业在发布招聘信息时，对职位描述和福利待遇等方面做到真实有效，按照合同履约，并且在解约过程中不强制解聘和强制留人。由此可见，企业内部业务流程的诚信对于企业诚信体系建设起着至关重要的作用。

（四）企业的制度诚信

企业内部制度诚信是指企业员工对企业内部的运转机制及其政策规范予以认同与信任的行为。一般情况而言，企业内部的运行体系是在企业的正式制度与企业的非正式制度的共同作用下运转的。在对"梁雪红制度"功能研究的基础上，本书构建制度功能结构图，如图4-1所示。

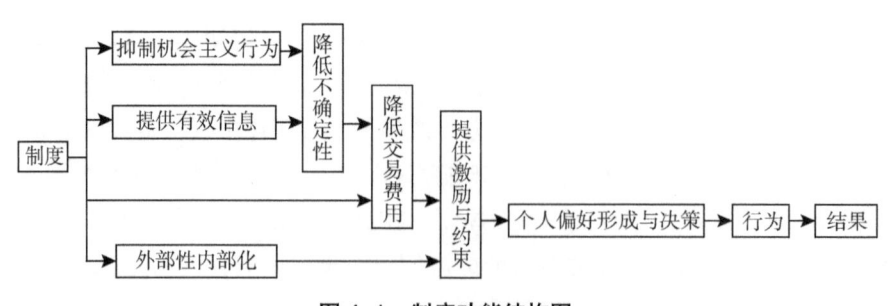

图 4-1 制度功能结构图

根据诺思（North）的观点，制度通过提供一系列的规章、条例来对人们的选择空间和行为进行限定，对人们之间的相互关系进行约束，从而减少企业环境中的不确定性和交易费用，有效防范风险，进而起到保护产权、促进生产的作用。因此，某种程度上来说，制度能够产生一种基于理性选择的信任。理论上来说，制度具备上述功能，但并非所有制度的安排和设立都能实现其全部功能。诚信制度的具体功能有以下三种：首先是减少企业的交易费用；其次是外部性内部化；最后，对提升企业的市场竞争力也有重要作用。一般说来，制度通过两种途径对个体行为产生影响，一种是禁例，另一种是利益诱惑。制度信任包含两个层面的内容：正式的制度信任与非正式的制度信任。正式制度信任是指一种建立在法律法规、合约和正式契约关系基础上的制度信任。由于人们通常习惯于书面化表述，基于正式的制度基础上建立的信任关系，是一种理性化现代企业建构的产物，可简称为"正式制度信任"，具备明确性、强制性、全面性、紧迫性和长期性相结合的特点。与正式制度信任相比较，非正式制度信任并没有明文规定，不限于用书面表述的正规形式，而是建立在声誉机制、偏好习惯、心理契约等非正式规定关系基础上的信任，通常隐匿于人们的潜意识和习惯之中，具有隐蔽性和社会性的特点，是一种由传统、规则、惯例和身份等文化制度因素嵌入的信任。

企业诚信体系的建设，根本在于企业内部的诚信制度建设。加强企业诚信制度建设，提高企业信用，是推进企业诚信体系建设及经济发展的必要途径。企业内部的诚信制度包括以下三个方面。

首先，企业生产管理诚信制度。随着社会的发展、生产力水平的不断提升，生产管理仍然是当今企业管理的重点内容。目前，我国还有部分企业存在生产假冒伪劣产品、以次充优，以此谋取暴利等不诚信的商业行为。可以通过诚信的集群式生产战略和建立诚信生产管理的规范机制将企业内部的不诚信行为消灭在萌芽状态。

其次，企业营销管理诚信制度。企业营销管理是企业产品或者服务实现价值的重要环节。我们常见的是4P营销理论，即产品（product）、价格（price）、促销（promotion）、渠道（place）四要素。企业诚信的经营管理则可以从上述四个营销策略方面实施：企业实施诚信产品策略首要保证核心产品的质量，也要关注其延伸产品和衍生品；在实施企业诚信营销渠道策略中，需要在企业和分销商中建立良好的人际信任和诚信关系；企业诚信价格策略意味着要对顾客做到价格诚信，坚持透明化原则，杜绝价格欺诈行为；企业诚信促销策略要求广告宣传内容真实诚信，市场推广过程中杜绝徇私舞弊行为，公共关系要贯穿诚信原则以及推销人员须具备诚信的良好品质和能力。

最后是企业财务管理诚信制度。企业会计人员的诚信度、完善企业账务管理流程和增强企业财务信息透明度是企业财务诚信的重要内容。通过以上三个层面诚信财务制度的建立，在企业内部逐步建立诚信档案管理机制，健全企业诚信的评价、查询、服务以及考核体系，引导企业树立诚信意识，践行诚信选择，有助于打造企业的"诚信名片"，在社会上树立良好的企业诚信形象，进而加强企业的对外交流与合作。

（五）企业的文化诚信

与企业制度诚信的硬约束不同，企业文化信任是基于企业诚信文化而来的信任，属于一种软约束力。有研究表明，信任与企业文化存在相关关系，通过培育良好的企业文化，促进员工之间的沟通、交流、协作，有利于增强企业员工之间的相互信任。现阶段，我国企业内部仍然存在诚信缺失、信任危机等问题，因此建立企业内部的文化信任是十分必要的。Piotr Sztompka曾提出文化信任的社会生成机制。他认为，如果企业内部建立了诚信文化信任的社会生成机制，就会逐渐在整个企业建立起一种信任氛围。在这种信任氛围的熏陶和感染之下，企业中的部门与部门之间、管理者与员工之间以及员工与员工之间便能够和谐共处、团结合作，这将对企业内部制度信任形成一个有效的补充。

诚信是企业文化建设的起点，也是企业发展的动力来源。企业文化倡导企业共同的价值观，诚信是实现价值观的重要途径，二者具有一致性。诚信文化具有导向、辐射、激励、凝聚和约束的功能。

一是诚信文化有助于提升企业的综合竞争力。一个企业树立诚信意识，培育诚信文化，企业内部的员工将充分发挥主观能动性，踏实认真工作。同时诚信文化有助于提升企业的品牌文化，提高企业产品或服务的知名度和美誉度，最终赢得社会和公众的认可，树立良好的企业形象。诚信是最好的竞争手段，诚信的企业文化有利于提高企业的综合竞争力，使企业长期稳定向前发展，唯有长期坚持诚信经营理念，培育诚信的企业文化，企业才能长久立足，持续不断地向前发展，长久立于不败之地。在当今企业激烈的竞争状况下，不讲诚信的企业将很难在社会立足。

二是诚信文化有助于企业招揽人才、凝聚人心。常言道："小型企业靠人管理，中型企业靠制度管理，而大型企业则依靠文化管理。"华为公司之所以能成为世界知名500强企业之一，与其秉承着"以客户为中心，以奋斗者为本"的企业文化分不开，该企业的核心价值观为"成就客户、艰苦奋斗、自我批判、开放进取、至诚守信和团队合作"，可见，企业文化中"至诚守信"是其重要的经营理念。30多年时间过去了，华为始终将诚信作为企业最宝贵的无形资产，坚持诚信原则，最终赢得客户。华为用实际行动向全世界进行宣告，华为一直践行着诚信经营原则。事实证明，华为的选择是正确的，具有诚信文化的企业可以为企业打造优秀品牌，赢得美誉度，赢得利润，同时能得到社会和公众的认可，能够吸引人才和凝聚人才。

二、企业市场诚信

诚信是企业立足之本，企业想做大做强，在很大程度上表现在其诚信能力与诚信行为得到客户和消费者的认同。因此，企业诚信体系不仅要构建企业内部诚信体系，还应构建企业市场诚信，即做到对客户和消费者诚信。

"一诺千金、一言九鼎"对于企业来说是肩负的社会责任，对于客户而言，也是应当兑现的承诺。同时，企业的市场诚信也是企业得以健康、长久发展的基础。企业市场诚信要求企业做到对客户诚信，即企业用诚信的产品和服务赢得客户信任，这也是企业的诚信能力的表现。企业市场诚信具体可以概括为三个方面。

（一）产品质量诚信

产品质量诚信即努力提升产品质量，建立全过程质量管理体系。保证严格遵守各项规章制度进行操作，不偷工减料，不以次充好，以牢记于心的质量意识和信得过的产品质量赢得消费者的信赖。同时，对客户提出的合理建议要虚心接受，竭尽所能地使产品达到客户要求，提升客户的满意度。秉承产品质量第一、客户第一的经营理念竭诚为客户提供服务。

（二）服务诚信

服务诚信即不断增强服务意识和提高服务水平，坚持优质为本、诚信服务的工作理念，在合理范围内尽可能以客户满意为目标来进行诚信经营。大力推行服务质量标准化、服务意识诚信化、服务水平精准化的服务体系建设。夯实服务基础，打造顾客满意的诚信服务，这将有利于提高客户的忠诚度，保留住原有的客户资源，创造良好的企业信誉。

（三）竞争诚信

当今社会是一个充满竞争的社会，各行各业都存在竞争。企业若想在激烈的竞争中生存发展，就必须树立诚信竞争的观念。通过正当渠道获取信息和资源，不弄虚作假，不徇私舞弊，依靠诚信经营，公平竞争。以此获取更多客户的支持和信赖，最终为企业树立良好的社会形象。

三、企业社会诚信

（一）企业与媒体的诚信

在新媒体蓬勃发展，媒体传播手段多样化、网络化的时代背景下，企业与媒体的互动关系将变得越来越紧密和复杂。企业的发展，品牌、信誉以及形象的建立离不开媒体的宣传，同时媒体对企业也起到监督作用。一方面，企业以媒体为中介，传播企业品牌和形象，扩大产品销售，最终实现企业利润收益。在与媒体打交道的过程中，企业应该树立诚信意识，不能利用媒体做虚假宣传，欺骗和误导消费者。应该积极履行企业主体的责任，规范企业经营。以诚信为基准点，通过媒体对企业的产品、服务等进行正当宣传。另一方面，媒体对企业的报道和宣传，应当尊重事实、实事求是、理性传播，不能夸大其词、宣传虚假信息。应当遵守法律和道德底线，坚持报道的内容公平、公正、公开。媒体对企业的监督作用引导企业树立诚信意识，诚信经营，促进企业诚信体系建设，落实企业主体责任。

（二）企业与政府的诚信

一个企业的生存发展离不开政府的支持。企业在与政府打交道的过程中应当自觉服从政府的管理，遵守法律规定，接受政府的监管和约束。企业应当通过各种信息传播途径和手段积极与政府进行双向信息交流，本着诚信的原则，积极按时按量缴税，以此获取政府的支持、信任与合作，从而建立良好的外部环境，最终促进企业的发展壮大。另外，政府在为企业服务的同时，也要对企业进行监管，约束企业规范经营、诚信经营。

（三）企业与社会组织的诚信

社会组织在企业诚信体系建设的过程中发挥着多元且无可替代的角色。企业诚信体系建设的过程中，社会组织具有社会性、非营利性、灵活性等特点，以此可以弥补市场和政府的不足。尤其是在企业诚信监督机制中，社会组织发挥着强有力的监督作用。社会组织通过对企业失信行为进行披露、谴责和警告等，约束企业行为，保障企业的经营运作和谐有序。为提高社会组织对企业的监督作用，首先，需要加强社会组织建设，促进社会组织发展；其次，扩宽社会组织对企业的监督渠道；最后还要规范社会组织对企业诚信的监督权利。

（四）企业与外部审计的诚信

外部审计是指独立于政府及事业单位以外的审计机构。对企业进行审计，对其合理性、合法性、真实性和效益性进行审查，对企业内部行为进行系统的检查，以此监督企业诚信经营。审计范围包括社会审计和国家审计，其中社会审计的范围主要是对委托单位的风险评估、符合性测试以及实质性测试。国家审计的范围则是国有企业、事业单位整个财务收支情况。为了对企业进行有效的审计，加强企业诚信体系建设。外部审计应从建立审计机构诚信评价机制、规范外部审计市场、建立行业诚信环境、改变审计的付费方式、建立监管部门、资源合理运用共享等几个方面进行有力的监督。

（五）企业遵守法律法规

正所谓无规矩不成方圆，国有国法，家有家规。公司在经营过程中要严格遵守各项法律法规。在法律法规的约束下，企业在生产、销售等各个环节选择诚信行为，维护自身利益，减小损失。面对企业的不诚信、欺诈行为，应当根据国家的相关法律规定给予一定惩罚和制裁，尤其应该加强司法对诚信体系建设的保障作用，从信度、效度、强度三个方面加强对企业失信行为的惩处。

第四节　企业诚信体系的图谱

通过上文对企业内部诚信、企业市场诚信和企业社会诚信的研究发现，三者之间存在相互促进、相辅相成的关系，如图4-2所示。

一方面，企业内部诚信建设有助于培育良好的企业文化。具体表现为每名员工的思想、行为举止，员工长期树立诚信意识，践行诚信原则，对提升企业的良好形象和提高企业的信誉度和品牌价值有积极的促进作用。企业内部的不诚信行为会导致企业整体战斗力下降，某种程度上降低了企业防范外部非诚信行为的能力，影响客户诚信、企业信誉、企业形象以及合作与战略联盟关系，进而影响企业的整体发展。

另一方面，企业对外部环境的诚信，主要体现在企业市场主体诚信以及企业社会诚信上。这两种对外部环境的诚信，影响着企业外部形象和内部员工的活力。所谓企业市场主体诚信是指客户和消费者的诚信。企业社会诚信是指企业与外界的诚信。如果这两种外部诚信建设好了，可以提升企业形象和企业信誉，增强企业员工的归属感和自豪感，使其自觉提高工作主动性和积极性。员工对于管理者的领导能力和决策能力产生强烈的认同感，愿意追随其一起为企业的发展共同奋斗，对企业内部诚信体系建设起到巩固作用。相反，企业外部诚信出现问题则会波及企业内部的诚信，那么可能会产生以下情况：企业内部的员工彼此间互相推诿现象增多；员工对领导层以及管理者的决策、领导力产生怀疑；员工丧失工作热情和积极性；等等。这将最终导致企业内部组织松散瘫痪，毫无生机活力。

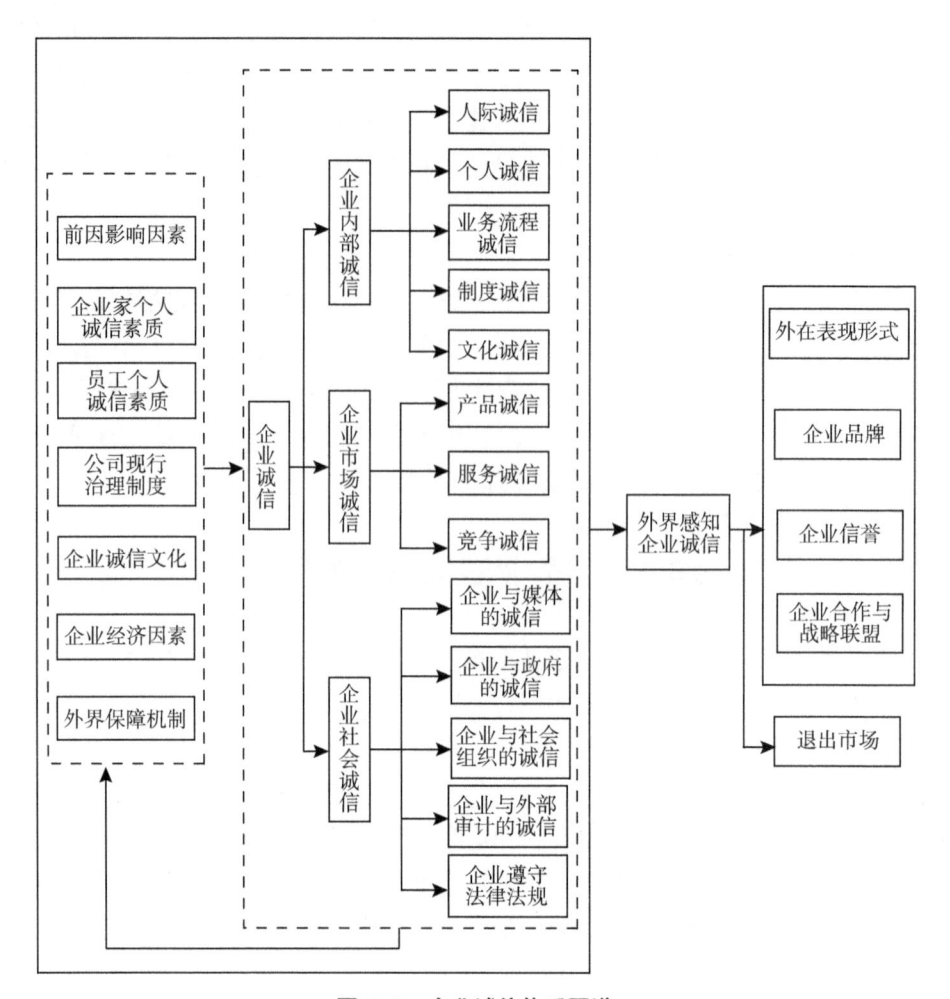

图 4-2　企业诚信体系图谱

第五节　企业诚信体系的功能

　　企业诚信体系是一个特殊的综合系统结构,无论是在企业诚信建设前、建设中,还是建设后的管理,都时时刻刻地发挥着重要的功效。企业诚信建设功能是指企业诚信体系构建过程中与外界事物相接触的各种能力,具体有导向功能、规范功能、凝聚功能、激励功能、教育功能、监督功能、价值评价功能等。

一、导向功能

导向是指引导方向、指明方向。企业的发展方向和目标对企业至关重要，而诚信建设可以把企业职工引导到企业目标上来。企业诚信建设是对内部员工的个人道德意识、品行的引导，其导向作用可以指引员工注重诚信道德修养，约束自我行为，纠正员工不诚信行为，为企业诚信建设而奋进。其导向功能主要表现为以下三个方面：第一，引导企业职工和社会大众的诚信道德取向。能够在企业内部形成褒贬倾向、舆论氛围，从而引导人们的思想观念、行为方式朝着特定的目标和方向努力。这种导向作用往往具有道德引向作用，符合社会大众的道德规范。第二，能够引导员工和社会公众的行为目标。引导个人追求利益的同时，不损害他人的利益，相互帮助，相互信任，取得共赢的局面。引导企业不要只看眼前利益，要站在消费者的角度去考虑消费者的需要，要提供符合标准的产品和服务。第三，引导企业内外自发形成一种诚信机制。社会大众以诚信为行为标准，相互约束，共同遵守，以诚信原则调节社会群体之间的矛盾，指导人们的行为和实践活动。综上所述，企业内部诚信建设引导企业各项工作，是企业思想和行为的定向器，促使企业朝着正确的方向前进，保证企业的各项建设不断趋向成功。企业外部诚信建设引导社会公众以诚信理念、诚信行为为标准，将自己的思想和行为纳入社会所需要的秩序轨道之中。

二、凝聚功能

企业凝聚力能衡量一个企业的发展活力，且企业诚信建设能显著增强企业凝聚力。企业诚信建设的凝聚作用，首先体现在它能够把企业在长期奋斗中形成的优良品质挖掘和提炼出来，成为企业员工共同的价值规范，且通过长期的信念和利益驱动将企业与员工联系在一起。这样不仅有助于把各级员工对企业的情感升华为强烈的责任心和自豪感，把爱岗敬业的自发意识转化为自觉行动，而且能够将员工的积极性凝聚为一个整体，从而增强企业的生命力和活力。其次，企业长期对外坚持诚实守信的原则，定会不断提高其自身的信誉度，随着信誉度的不断提升，企业必定能形成巨大的吸引力，这就为企业赢得新的发展机遇打下了基础。最后，诚信建设凝聚功能还体现在人才的吸引和聚集上，诚信的企业更容易得到优秀员工的青睐，吸引人才，增强人才的归属感。诚信的企业还会要求员工在各自的岗位上扮演好自己的角色，充分发挥自身的能力，有助于留住人才，形成人才聚集。一个企业组织缺乏诚信，则必然加剧企业成员之间的矛盾和冲突，大家各行其是，势必会导致"组织合力"的削弱，最终企业组织必将分崩瓦解。只有坚持做到"内诚外信"，企业才能发挥强大的凝聚力，拥有更多的机会和发展前景，为企业最大化地创造效益和推动社会进步打下坚实的基础。

三、规范功能

诚信建设的规范功能主要指对主体行为进行规范限制，具体包括道德规范和制度规范。一方面，企业通过"组织－制度－结构层"可以形成企业中的正式约束，是显性约束、硬约束。规范约束社会公众的信用行为，使其调整自己言行来适应企业诚信体系建设的要求，从而对人的思想行为进行规范限制。这种制度规范规定企业和企业成员能做什么、不能做什么、该怎么做，为主体的行为划分了一条界线，是各行为主体公认的行为准则，使他们的行为按照一定的规章制度进行。这种行为约束是强制性的，要求企业内部员工必须遵守，必须在企业允许的范围内从事信用活动，否则必将违规，甚至违法，会造成较高的失信成本。另一方面，企业在价值观层形成非正式约束，是一种道德规范，属于软约束，对员工行为具有无形的约束力，是更深层次心理方面的规范。违背了这种道德准则，不仅要受到经济制裁，更要受到社会舆论的谴责，同样要付出较高的违规成本。道德规范发挥作用主要是通过对员工行为的合理性进行道德价值判断、改变行为主体行为偏差从而改变其效用函数、降低甚至消除其机会主义行为的可能性、重视非正式制度的行为规范作用、改变会影响决策主体选择行为结果来实现的[1]，最终实现正式约束的制度规范和非正式约束的道德规范的统一。

四、激励功能

企业诚信建设过程往往能培育出一种诚信经营、诚信竞争的文化。这种文化对企业员工有一种激励作用，使员工拥有积极向上的理念，奋发向上的进取精神，强烈的责任感、使命感，持久的驱动力，自主开发潜能，高效工作。企业诚信建设的激励功能具体表现为：一是加强员工的归属感，加速员工融入企业，把自己当作企业一分子，与企业保持良好的关系，以诚相待，荣辱与共，提高企业整体的合力与活力。二是发挥员工主观能动性，企业诚信建设可以有效地增强员工认同感，激励员工主动认识企业，为企业发展而努力。提高员工对企业的信任度，同时有效规避企业与员工之间由不信任而造成的直接或间接损失。三是企

---

[1] 聂清凯，赵庆.企业文化力内涵、生成与功能体系研究综述及其展望[J].外国经济与管理，2008（11）：51-56.

业诚信建设的过程，无论是建设前、建设中，还是建设后的维护，均需要充分发挥员工积极性、主动性、创造性。诚信建设过程，更容易将企业内部正式、非正式组织团结起来，形成高水平的内聚力，最终能提高员工的诚信水平。四是企业诚信建设能够加强构建企业与员工的"命运共同体"。企业诚信水平决定其生存发展，内部员工的诚信行为决定着企业诚信行为，企业因失信无法生存，员工也必然失业，企业诚信获得收益，员工也能更好地实现自我价值、成就自我。

五、教育功能

诚信建设的教育功能总体来说，一方面是通过社会评价和社会舆论，让社会公众自发接受这种诚信价值理念和规范标准，在企业内外树立诚信的好榜样，形成良好的社会风气。另一方面是通过内化员工诚信观念、诚信品质和诚信行为，使员工坚守诚信理念，规范行为诚信。加强诚信教育，可以促进企业发展目标的实现，健全人才的培养机制，促进市场的和谐和市场经济的健康运行。企业诚信建设教育可以通过以下三种方式来进行。一是加强各行为主体的诚信意识和观念的教育，树立诚实守信的行为准则，使诚信道德观念内化成员工的行为准则，从而使员工自觉遵守诚信。二是对诚信管理模式进行优化，调查了解各行各业的诚信建设程度、状况、成效，探索出适合自身发展的诚信建设模式，并通过定期的宣传教育来加速建设。三是对企业员工进行诚信职业道德的在职教育，利用员工的在职工作间隙，进行诚信相关教育，可以通过案例法或者角色扮演等方法，使员工深刻了解诚信行为的重要性，内化于日常行为。诚信建设对企业员工的教育功能是不言而喻的，一旦每个员工愿意接受并践行诚信行为，则企业离成功也就不远了。

六、监督功能

企业的诚信建设，建设前、建设中、建设后的发展状况都能很好地监督一个企业的发展状况、监督员工的行为。建设前企业可以对利益相关者的诚信状况进行调查了解；建设中企业可以及时追踪监控员工及合作伙伴的诚信行为，及时防范风险，避免坏账以及破坏企业声誉；后期的诚信建设的管理和评价能更为准确地对员工、企业进行衡量评价和监督，及时进行调整。具体来说，企业诚信建设的监督功能一方面通过启发社会成员的诚信意识，提高诚信道德觉悟，强化诚信行为，从而唤起社会各行业、第三方机构以及媒体的监督意识，使得这些机构能积极参与到反欺诈等工作中。企业成员自觉遵守并运用企业所倡导的价值观念、道德标准、价值取向等诚信标准对造假、欺诈、失信的单位和成员进行检举揭发，有效维护社会大众的基本利益。同时，企业诚信建设可以在企业内部建立监督机制，可以有效地规避企业成员的投机取巧心理，有助于维护企业自身的形象和信誉；而且能让社会外界认识到，诚信发展是企业生存发展的关键。因此，企业诚信建设是建立在企业内外监督基础之上的，具有广泛的监督功能。[1]

七、价值评价功能

企业诚信建设内含诚信评价机制，指根据企业的偿债能力、履约情况和日常行为表现等，以客观公正的原则，对评估对象进行综合性的评价，并划分等级。内容包含真假标准、善恶标准、是非标准，它提倡什么、鼓舞什么、反对什么，往往很鲜明。在企业诚信建设的过程中，其内含的价值取向、道德标准，将进一步强化诚信意识，并转化为自身诚信理念和处事的评价标准，辨别诚信和非诚信的界限，使企业准确把握社会成员的个人诚信与不诚信行为。在评判处理企业与个人、企业与企业、企业与政府之间的行为关系时，以是否符合诚信要求为标准。坚持符合诚信标准的行为，不做违反诚信要求的行为。总的来说，企业诚信体系建设的价值评价功能具体体现为以下两个方面。第一，体现为企业是否追求和具有诚信以及诚信发展程度，往往包含对其自身发展的评价，同时为社会大众提供一个评价标准。当企业内每一个员工以诚信来规范自己的行为时，实际上相当于以诚信标准对企业自身行为进行了肯定性的评价。第二，体现在社会大众依据企业的诚信建设程度对企业进行价值评价。企业越重视诚信建设，在社会上的评价一般就越高，声誉越好，企业发展得就越好。由此可见，一个企业的诚信建设往往能衡量一个企业的诚信发展程度、在社会上的地位和在市场上的竞争力。

---

[1] 张国臣.社会诚信的内涵、特征与功能浅论［J］.河南师范大学学报，2012（11）：256-258.

第五章

企业诚信体系构建的理论探索

第一节 企业诚信体系的重要性

一、企业诚信是企业获得长远利益的前提

诚信能为企业在竞争中赢得优势，为企业创造更多的价值。很多企业家都非常关心的一个问题是：企业长远利益的实现与企业诚信之间到底存在怎样的关系？对于真正重视塑造企业诚信文化的企业领导者来说，答案肯定是"诚信能够为企业带来长远利益"。鲁冠球曾提出，随着经济的不断发展，对成本最低化的追求将逐渐下降，而对价值最大化的追求将日益显著；成本降低的空间有限，价值的提升空间却不可限量，而提升价值的首要原则就是以诚信树商德。[1] 首先，企业诚信能够降低企业的交易费用。若交易双方缺乏诚信，则双方都需要花费大量的时间、金钱和精力来调查、了解对方，同时，为了防止对方可能的失信行为，交易双方都需要进行现场查验、亲自押运、现金交易等高成本行为。而如果交易双方是信守承诺、声誉良好、在消费者中口碑良好的企业，则不但能够减少广告宣传费用、降低交易成本，而且顾客的满意度也会提高，购买意愿和行为也会增加。此外，当需要发展资本时，一个信誉良好、信用很高的企业更容易得到当地政府的支持和银行提供的借贷以及在资本市场上以较低的成本融资，也就是说，诚信能够促进企业进行低成本扩张。其次，企业诚信是树立品牌的基础。表面上，品牌产品的市场地位主要是由较好的性能和质量来保障的，但实际上，只有坚持诚信经营，才能真正长久树立消费者信赖的品牌，失去诚信的品牌不可能持久。由此可见，就长远来看，企业诚信一定会为企业带来巨大的利益。

---

[1] 鲁冠球. 靠诚实守信提升企业的价值 [J]. 冶金政工研究，2001（10）：64.

二、企业诚信是稳定市场经济秩序的需要

市场经济是法治经济,更是诚信经济。诚信既是市场经济与生俱来和必不可少的法则,也是现代市场经济的生命。诚信作为一种经济资本,只有其最大限度地参与到经济运行当中,才有可能建立健全市场体系和市场机制。在长期交易中,考虑到未来的合作收益,交易双方都会尽量树立合作的良好信誉以获得对方同样的回报;反之,一旦交易的一方因失信损坏了信誉,对方就会中止交易,使失信方失去长期合作的收益。格瑞夫(Greif)在研究中世纪热那亚商人远程贸易代理时发现,在接近于一种无政府状态的中世纪热那亚个体商人交易为主的商业社会中,商业贸易合作和秩序的维持主要依靠的是建立长期信誉机制。[①] 英国古典经济学家亚当·斯密也曾指出:"没有公正就没有市场经济。"这表明,在市场经济下,企业在经营过程中若只注重追求眼前的一时利益,投机欺瞒,不守诚信,就会导致公正性原则被践踏,市场经济陷入混乱状态,最后两败俱伤,各方利益都无法实现。另外,也有经济学家表示,必须以一定的道德秩序来支持建立和完善有效的基于个体自由竞争的市场机制。企业并不是一产生就具有诚信特质的,企业的诚信是随着市场经济的发展,为弥补市场经济的缺陷,维护市场的正常、稳定运行而产生的,它来源于市场规则。

三、企业诚信建设优化人际交往环境

诚信是人际交往的必要条件。传统伦理思想认为诚信原则是人际交往的首要原则,助力于形成人与人之间合作和相互信任的关系,企业诚信建设有助于提高人际交往的信任度,体现在以下四个方面。第一,交际对象:诚信建设有助于企业内成员在交往过程中相互了解、相互监督、团结互助,提高企业内整体诚信意识;企业外有助于企业超越地缘限制,看重与陌生人之间的信任,提高与外部利益相关者交往信息的透明度,彼此以诚相待、互帮互助,从而产生持续交往的需要和意愿。第二,利益预期:企业是追求利润最大化的经济人,在低利益下会维持较高的诚信水平,但在高利益面前,企业可能会选择眼前利益而降低诚信水平。但在诚信建设下,企业对诚信投入较多的成本,即便有短期超额的违信利益,企业也更加看重长期诚信建设带来的收益。所以在高短期化利益的诱惑下,企业也能依然坚守诚信。第三,诚信频率:诚信建设可以提高企业诚信行为的持续性,企业诚信行为并不是偶发的,而是一个持续的渐进的过程,更容易得到商

---

① 冯登艳. 信用机制的发展演变[J]. 征信, 2009, 27(4): 91-92.

业往来者的信任和提高彼此信任的程度。第四，诚信自主：诚信建设可以提高企业诚信行为主动性，在环境约束严紧的情况下，企业不得不进行诚信行为，但在环境约束宽松的环境下，企业长期的诚信建设内化为企业自发的行为，依然会进行高诚信行为。①

四、企业诚信建设有助于提高社会道德水平

"人而无信，不知其可也"，意思是：人如果没有诚信的品德，不知道他还可以做什么。企业也一样，不讲诚信的企业，怎么能生存呢？进行诚信建设的企业，往往有自己的诚信理念，敢于对企业全体成员、全部生产流程负责，忠于合作伙伴，忠于消费者，能得到社会大众的敬重和认可，对整个社会的道德风尚影响深远。诚信建设可以对企业内成员进行诚信宣传与教育，以遵守诚信规则、诚信制度为道德规范，爱岗敬业、诚实守信、奉献社会，做好表率，带动企业全体成员诚实守信；对企业外部利益相关者（合作方、第三方、政府、消费者等）进行诚信约束，评价诚信状况并划分等级，以采取不同的对策。此外，这些利益相关者也有其自己利益相关者或者说是交往者，将与企业接触到的诚信传播反馈到自己的交往者，从而提高社会道德水平，进而推动整个社会进行道德建设，营造出良好的社会诚信环境。

第二节　企业诚信体系建设的影响因素

综合来看，企业进行诚信体系的建设首先会受到政府、行业、公司治理等内外部约束因素的影响。其次取决于企业及企业家的诚信意识、交易主体的经济状况，如企业的经济规模、财务状况、经营业绩、运营能力等支撑因素的影响。最后受到企业内部诚信管理制度、企业诚信文化、企业道德水平等发展因素的影响。三者共同决定了企业诚信建设的选择，具体如下。

一、内部因素

内部因素主要包括各主体的诚实守信的基本素质和诚信意愿。在经济交易活动中能够执行交易履约的能力，以及保障企业遵守诚信原则、守诺践约的各种内部制度等。也就是诚信意愿、诚信能力和诚信制度三个层面。

---

① 傅维利，王丹，刘磊，等.诚信观的构成及其对诚信教育的启示［J］.教育研究，2010（1）：47-48.

(一)企业家的诚信意识

意识主导人的行为。在企业里,领导者的诚信意识更是重中之重,对内引导着企业以及企业成员的诚信发展;对外影响着企业的合作伙伴以及消费者的诚信认同。企业家的诚信理念在企业中起着导向和示范作用,会渗透到企业的每一个部门和生产的每一个环节中,并在发展中自发形成一种诚信文化,直接决定着企业是否进行诚信建设和诚信建设的水平。此外,企业家具有较高的诚信意识也能在市场竞争中得到竞争对手、合作者、客户以及政府等的认可,获得更多的发展机会。但是,有了诚信意识,企业可能缺乏财务能力,未必会有诚信建设行为,所以,一个企业若想进行诚信体系建设,须综合具备诚信建设的软硬件条件。

(二)企业员工的诚信道德修养

企业员工作为企业的主体,其诚信度关系到企业的发展。[1] 根据 Cloninger (1996)提出的"3D"模型,即特质论、情境论、互动论[2],本书认为企业员工的诚信水平主要是通过以下三种方式来影响企业诚信建设的。第一,员工本性诚实踏实、言行一致,这种诚信精神本身就是诚信建设第一步;第二,员工的诚信道德水平以环境与文化为载体,形成一种诚信文化环境;第三,员工通过情感性、工具性、角色性的交往与互动,形成高诚信素质团队。当然,企业员工个人诚信要与组织的诚信高度一致,与企业诚信制度相匹配的员工才是合适的员工,才是有益于企业诚信建设的诚信员工。

(三)公司治理制度

公司治理制度与企业诚信行为有着密切的关系。合理的公司治理制度能够制约企业的失信行为,不合理的公司治理制度是企业失信的原因之一。公司治理制度具体体现在公司的股权结构、组织结构、外部监督机制等。部分控股股东利用"关联交易"侵害小股东的相关利益,管理层盲目追求自身利益最大化却得不到有效的约束,企业信息披露得不完整、不真实往往损害投资者的利益,这些都是由于公司治理制度的不完善而产生的失信行为。企业若是重视公司治理,不断消除公司治理中的缺陷,充分发挥监事会的作用,保持董事会的独立性,合理地激励约束企业经理行为等,企业必然诚信经营。当诚信内化为企业自主的行为时,企业诚信建设便得以形成规范体系。

---

[1] 李成建. 企业员工诚信体系构建 [J]. 企业管理, 2009 (4): 96.
[2] 李世娟. 企业人员诚信人格结构及影响因素研究 [D]. 苏州: 苏州大学, 2010.

(四)企业的诚信文化

企业文化是一个企业的灵魂,是企业参与市场竞争经营理念和管理模式的体现。每个企业的企业文化都各具特色,但是诚信却是每个企业文化中所必不可少的。企业诚信文化是企业团体意识、行为规范的总和,对企业的发展起着重要的指导作用。一方面企业的诚信文化与企业经营业绩有着密切的关系;另一方面企业的诚信文化是企业管理者的思想和企业文化环境的直观体现,支撑着企业诚信建设。当然,企业诚信文化是一个动态过程,要根据时代发展和市场环境的变化不断地完善,更好地支撑企业诚信建设。

现代企业的诚信管理主要包括客户档案管理、应收账款、坏账管理等。在信息化的时代,收集客户的资料,建立客户档案数据库,是企业了解客户、掌握客户需求的必要步骤之一。同时企业诚信管理还需对企业的生产经营活动的信用情况进行综合评价,划分多个等级,针对每一等级的特点进行分类管理。另外企业要通过对生产内部运作机制和内部成员的诚信进行评价,建立企业信用等级评价系统和企业信用显示机制。加强信用传递渠道的管理,从而使每一个员工都诚信行事,约束自身行为,既能在诚信日常管理中实现诚信建设,又能有力支撑企业诚信体系建设。

(五)企业的经济因素

1. 企业规模

从企业规模来看,影响企业诚信建设主要有以下几个方面:首先,大企业资金雄厚,经济实力较强,面临的不诚信问题较少。而中小企业相对来说容易产生经济问题,陷入经济纠纷,不诚信行为相对较多。其次,规模大的企业更容易得到社会大众的认可,违信成本较高。一般认为只有诚信的企业才能发展壮大,企业进行诚信建设不仅是一种自律行为、经济行为,更需要在交易的过程中被交易对象和社会大众认可,从而树立良好的诚信经营形象。最后,规模大的企业受到社会公众的关注较多,其行为更容易暴露在阳光下,其违规行为更容易被发现。面对的违信压力比中小企业大,所以守信动机更强。当然,大企业违信的能力和获得超额利益的动机更强,所以,才会出现"三鹿奶粉"等大企业失信行为。

2. 财务状况

有报告指出:不诚信的企业比诚信企业的营利能力低,拥有更少的货币资本;有欺诈行为的公司资金周转能力低于非舞弊公司。[1] 这些都说明了企业财务

---

[1] 王芳. COSO最新财务报告舞弊研究及其启示 [J]. 财会月刊, 2010 (11): 62.

状况是影响企业诚信行为的重要因素。企业财务状况对内通过影响企业运作效率、盈利状况等间接约束企业诚信建设的动机，对外影响企业生存发展目标、市场份额扩张等约束企业进行诚信建设的能力和目标。[1]

二、外部因素

（一）政府因素

企业能否进行诚信建设，关键在于政府的约束、监督和管理。政府一方面通过法律、制度规则、政策来激励约束企业进行诚信建设；另一方面，政府诚信建设又是企业诚信建设的"风向标"，具有较强的导向作用。政府作为制度的供给者，本应该对失信企业进行监管，实行失信惩罚机制，但部分地方政府为了提高政绩，往往存在地方保护现象，这些都是使企业不重视诚信建设或者诚信建设流于形式的关键因素。随着政府监管权力的由低到高，政府可监管的范围、监管制度的强制性也在逐渐扩大和提升。但监管的效率，即企业诚信建设的水平却呈现先上升后下降的趋势。[2] 适度的监管可以促使市场经济健康地运行，过度的监管会适得其反。一方面随着政府监管权力的增大，政府权力寻租、腐败可能性增大；另一方面企业诚信建设受到过多的限制，束手束脚，基本发展受到严重制约，更别提进行深层次全面全过程的诚信动态建设。政府监管与企业诚信建设的关系如图5-1所示。

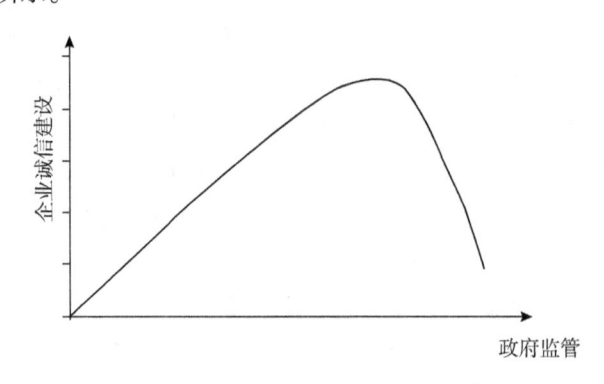

图5-1 政府监管与企业诚信建设

（二）市场因素

1. 市场诚信环境

企业要建立良好的诚信体系，必然依赖于企业所在的市场环境。市场诚信环

---

[1] 潘东旭，周德群.现代企业诚信：理论与实证研究 [M].北京：经济管理出版社，2006：99.
[2] 张维迎.信息、信任与法律 [M].上海：生活·读书·新知三联书店，2003：17—20.

境良好，必定会带动企业远离失信，坚守诚信行为。因为无论是个人还是企业都有从众心理，若市场诚信环境整体良好，个别短期企业看到市场方向，看到其他企业因为良好的信誉取得了较高的社会地位，就必然会效仿或者约束自己行为的短期化。此外，在社会主义核心价值观树新风、讲道德、讲诚信的环境下，企业的发展依赖于其所处社会的信用状况。社会市场的信用环境好，企业便可以抓住机会，借此加强自身诚信体系建设，获得社会各界的认可，以得到更多的发展机会。同时良好的外部市场环境会使企业走国际化的道路，获得更大的交易量和市场。所以，市场环境是否良好、是否具有较高的诚信水平是影响企业诚信体系建设的一个重要因素。

2. 市场竞争

市场竞争是指企业为争夺有限的资源而实行的优胜劣汰行为。从某种意义上说，市场的竞争归根结底可以说是企业诚信的竞争。企业的诚信水平越高，在激烈的市场竞争中越能站稳脚跟。当一个企业在市场上获利时，就会有更多的竞争者参与进来，从而加剧整个市场的竞争，使企业利润率下降。企业经营出现问题，不得不在道德标准上做出妥协，从而增加欺诈动机和失信行为。当新生企业看到某个行业、某个企业获利，必然争相参与。那么如何能在众多同质企业中生存发展呢？诚信建设便是企业优势之一。诚信是企业参与市场竞争的立身之本、入门的通行证，反之，市场竞争决定着企业诚信竞争，随着市场竞争的激烈，企业唯有进行诚信建设，在诚信竞争中占据有利地位，才能在市场竞争中获得更多的利益。随着市场竞争程度的增加，诚信建设水平对企业发展就越发重要。

3. 市场交易因素

（1）交易成本。交易成本一般是指市场交易过程中所产生的各项成本。失信的交易可能不直接带来经济损失，但依据等价公平交换原则，必然导致失信成本大于失信收益。这种利益驱动下的失信行为最终在市场上站不住脚。[1] 同理，若诚信建设的收益大于其风险成本，企业会因为利益驱动而争相进行诚信建设或者持续完善已有的诚信建设。

威廉姆森指出交易成本形成的三因素：资产的专用性、交易的不确定性、交易频率。资产专用性指资产可用于不同的用途，供不同的使用者利用的程度。资产的专用性越高，交易者的交易成本越高，失信带来的成本风险也就越高，企业进行诚信建设的可能性就越高。交易的不确定性主要是机会主义者和交易主体有限理性思考的结果。交易对象在有限理性的思考下，结合实时变化的人事物，采

---

[1] https://www.taodocs.com/p-34637420.html.

取机会主义行为，产生了较高的交易成本，从而提高了企业监督成本和违约行为的制裁成本。企业为了使自己获得收益大于成本，必然主动进行诚信建设。在现货市场上，交易行为往往是单次的，没必要也不需要企业去分析诚信交易的机制，但在期货交易市场上，投机者的投机行为使得交易的频率大大提高，且每次交易涉及的金额也往往是巨大的。交易双方获得诚信收益的可能性远远大于交易的成本，这在一定程度上会促使企业积极进行诚信建设。①

（2）交易的重复性。正如美国学者肯尼斯·阿罗所言："实质上，每次商业交易的本身都有信任成分，而且无疑任何需要一段时间的交易也是如此。"② 在一次交易、一次博弈中，交易双方作为理性人，寻求自身利益最大化，最终选择不诚信行为。但随着交易的重复性越高，企业间进行多次博弈，企业是否会讲诚信，是否会进行诚信建设，关键在于进行下一次博弈的概率。下次博弈的概率越大，交易的重复性可能越大。对企业诚信的约束作用越强，企业进行诚信建设的收益越会大于失信的成本，为了获得长久的合作，企业会更倾向于诚信行为，进行诚信建设。企业重复交易过程中的博弈如下。

我们假定交易双方为 A 和 B，AB 均诚信，各获得 6 单位的收益，A 诚信 B 不诚信，则 AB 分别获得 9、3 单位的收益，反之，AB 分别获得 3、9 单位的收益，若 AB 均失信，企业获得 0 单位的收益。在企业 A 进行一次博弈决策时，其最大可能获得 9 单位的收益，此后对方选择"触发策略"，企业 A 以后各期收益均为 0，假设企业进行下一次交易的概率为 P，则 A 的期望收益 = $9+0P+0P^2+0P^3+\cdots=9$。

若企业双方均选择诚信，则在每次交易中企业获得的期望收益为 $6+6P+6P^2+6P^3+\cdots=6/(1-P)$。当 $6/(1-P)>9$，即 $P>1/3$ 时，企业获得诚信收益大于失信的收益，则企业必然会倾向选择诚信行为，进行诚信建设（约束并鼓励企业诚信行为）。③

（3）信息不对称。由于交易双方掌握交易信息的数量、质量不同，因而出现信息不对称现象。总的来说，信息不对称是指不同的经济个体获取信息的渠道能力不同而致使其掌握不同程度的信息④。正是由于这种信息不对称，企业在短期可以利用充分的信息优势获得失信的收益，且失信的收益大于失信的成本。如果交

---

① 潘东旭，周德群.现代企业诚信：理论与实证研究［M］.北京：经济管理出版社，2006.
② 吕浩.浅谈企业的诚信危机［J］.市场周刊·理论研究，2010（11）：14-15.
③ 杨慧.企业诚信体系构建与评价模型研究［D］.洛阳：河南科技大学，2012.
④ 马涛.黑龙江省企业诚信体系建设研究［D］.哈尔滨：哈尔滨工程大学，2007.

易行为高度透明化，交易双方的交易信息共享，那么交易的任一方均不可能利用信息优势获得超额收益，则交易双方的最佳选择便是诚信行为。且从长期来看，企业短期的信息优势带来的短期利益必然会给交易的对方带来损失。交易对方是理性人，在追求自身利益最大化的基础上，必然不会一直诚信交易，最终会致使该企业受到一定的惩罚。正是由于信息不对称的存在，企业诚信体系建设才显得更加必要，通过这种信息约束机制，可以有效减少这种道德问题，减少信息不对称导致的利益失衡问题。[①]

（三）道德因素

正如何智勇所说："信用是一种现代社会无法或缺的个人无形资产。诚信的约束不仅来自外界，更来自我们自律心态和自身的道德力量。"从伦理学的角度看，企业诚信更多的是一种道德属性，道德水准的高低是影响企业诚信的重要因素。道德水平是个定性指标，往往难以测量，但是一个道德高尚的企业比一个道德败坏的企业更值得外界信任。这种来自外部的评价往往决定着企业的诚信发展。一方面外界对企业道德评价约束企业进行诚信建设；另一方面，企业内在的道德因素通过影响企业内部而自发进行诚信建设。

（四）行业自律和社会监督

行业协会作为一种监督、咨询、协调的中介机构，对企业的行为能够进行及时的监控、纠错，对企业的诚信发展起着促进监督作用。社会大众既是企业产品和服务的对象，又是企业生产、销售全过程的监督者。行业的高度自律和社会公开的监督能制约和敦促企业的诚信行为，使失信的企业无处遁形，受到应有的惩罚。从而间接约束企业全流程诚信生产，形成自己的诚信链，即诚信建设。也唯如此，企业才能得到社会公众的认可，在企业所处的行业和市场上获得可持续发展。

第三节　企业诚信体系建设的运行机制

一、企业诚信体系建设的内在运行

企业诚信体系建设的内在运行环节主要包括支撑层面、约束层面、动力层面。

（一）支撑层面

企业诚信体系建设的运行，首先要依靠物质层面的支撑。企业规模、企业资

---

① 马涛. 黑龙江省企业诚信体系建设研究［D］. 哈尔滨：哈尔滨工程大学，2007.

本、企业技术等是企业履行契约的基本能力体现。一个不具备基础物质条件的企业，其生存就存在较大的风险，在利益面前更难坚守诚信。其次是依靠制度上的保障，制度保障能够更加公平公正地维持诚信，制度更具强制性，能够保障企业守诚信。企业制度是企业诚信建设的基本功能实现的保障。最后是企业诚信的声誉、信誉支撑，企业声誉与企业发展壮大同步。任何有损消费者、市场的企业行为必然会臭名昭著，企业生存难以为继。具备高声誉的企业，在市场上便能获得高信誉，得到更多合作商的青睐，获得政府、银行的财力和宣传支撑。这是企业诚信建设长远发展的保证。

（二）约束层面

约束企业诚信建设的关键要素为软硬两个方面：一方面是制度约束。企业通过建立企业诚信制度，可对企业日常活动以及异常活动进行实时监控、建立违反诚信机制的纠错机制、实行相应的诚信奖惩机制，以企业条文制度引导企业行为。另一方面是道德约束。道德与法律是互补的社会控制力量，道德约束可以弥补法律约束的空白。两者在一定程度上可以相互转化，道德约束是一种软约束、无形的约束，在一定的背景下可以转化为法律约束，增强其约束力；法律约束在长期的执行中体现，其具有强制性、不可违抗性，在一定环境下可以内化为道德约束。两者共同约束企业诚信建设的实施过程。

（三）动力层面

一方面，诚信体系建设的运行是一个动态的长期过程，诚信建设首先是需要不断摸索的。企业内成员的诚信意识、企业成员间诚信相处的程度、企业文化氛围的营造、企业外市场利益的追逐与社会责任间的权衡，均是企业诚信动态发展的动力。无论是在建设前，还是建设中，建设后，均需依据企业发展的出发点不同，不断地发展完善。另一方面，企业诚信体系建设又随着环境的变化而变迁，不同的宏观环境、行业环境、竞争环境对企业诚信建设有不同的标准和内容。企业要与时俱进，跟上市场经济的步伐。近年来，大数据、AI等高科技以及新经济业态、区块链等不断更新完善，未来企业要想与市场更好地接轨，必须依据时代要求与时俱进。

二、企业诚信体系建设的外在表现

企业诚信不仅可以对企业内部的良性发展发挥积极作用，而且可以向外界传递自身的积极信号，企业诚信的外部表现形式主要有以下几种。

（一）企业品牌

企业品牌是顾客对企业感性和理性认知的总和，品牌具有让顾客保持忠诚和信赖的力量，品牌是企业的固本之源。一个企业的品牌建设，必须以诚信为前提。不讲诚信的企业，品牌便无从谈起。目前，我国部分企业产权制度不清晰、信用体系不完善，以及企业管理水平低和文化建设的滞后，导致品牌建设过程中还存在着诚信问题，这些问题不容忽视。如：企业的品牌意识不足，盲目追逐利益，忽视企业的质量和服务，出现制假售假、虚假宣传、社会责任未实际落实等行为。面对品牌建设中存在的不诚信行为，企业应当制定诚信品牌建设的长远目标和规划，不能因为眼前利益损害长远利益而破坏了企业的品牌形象。同时企业应该对品牌有正确、精准的市场定位，明确消费者的真正需求。持续提供优质的产品、服务和专业化运作，对品牌进行有效的宣传和推广。传达品牌的核心价值，增强品牌的竞争力，提高品牌的认知度，树立独特的品牌形象和价值。

诚信和品牌是相互促进、相辅相成的关系，诚信的企业才能吸引更多忠诚的品牌消费者。企业诚信建设和品牌的打造是企业持续发展的关键所在。只有处理好企业诚信建设和品牌建设的关系，企业才能实现可持续发展。

（二）企业信誉

何谓企业信誉？斯特恩商学院的教授查尔斯·丰布兰定义"企业信誉是一个企业过去行为及结果的合成表现。这些行为及结果描述了企业向各类利益相关者提供有价值的产出的能力"，简单来说就是企业在其生产经营活动中所获得的社会上公认的信用和名声。企业信誉包括七个方面：分别是产品信誉、服务信誉、竞争信誉、财务信誉、商业信誉、银行信誉和其他信誉。在企业信誉中，最重要的是产品的质量和售后服务，企业信誉是其能否走得长远的根本。一个企业拥有着良好的信誉，通常表现为社会公众给出这样的评价信息，如货真价实、物美价廉、按时付款、信守承诺、履约履责等；而企业信誉差则表示企业的行为在公众中印象较差，通常被公众贴上这样的标签，如假冒伪劣、弄虚作假、商业欺诈、偷税漏税、虚假广告等。

目前，国内企业规模大小不一，企业信誉良莠不齐。大部分企业信誉较好，能够保持长足发展。如"京东"，作为一家自营式电商企业，自1998年成立以来，京东始终在发展上秉承"先人后企、以人为本"的经营理念，将诚信作为"京东"的行为准则和道德规范，并以诚信为基础，建立良好的持久的合作关系。在一、二、三线城市，京东的自营物流基本可以实现前一天晚上11点前下单，第二天上午11点前送达，企业信誉非常好。但也存在少部分企业信誉较差，如2018年7月上市的企业"拼多多"。尽管"拼多多"发展迅猛，但在其上市前后一段时间内，曾因产品多为假冒伪劣及"山寨"产品，连日站在舆论的风口浪尖。一个企业能否长远持久地发展下去，是否诚信经营将起着关键性的作用,"拼多多"接下来的路能否走好,关键在于其是否能走出假货和山寨货的泥潭旋涡。又如"长春长生生物科技有限责任公司"(以下简称"长春长生")作为一家制药企业,制假售假致使不合格的疫苗流向市场,毫无道德底线,一味地为了追求利益,无视法律法规,生产的药品质量不达标,不仅危害人民群众的身体健康,还影响整个社会的公共安全,造成了严重的不良影响。这样的企业因不诚信行为,没有建立良好的企业信誉,终究失信于人民群众,无法在社会立足。[8] 由此可见,一个诚信的企业,通常会比一个有声望或者有权力或是处在不断创新之中的企业,会赢得更多人的尊敬,获得更多的利润和价值回报,而其成本相对却少很多。所以,作为企业的领导者必须树立诚信的经营理念,不能触犯法律和道德底线,不能以诚信冒险获取短期的收益。事实证明,诚信的企业才能拥有良好的企业信誉,具备良好信誉的企业才能在激烈的竞争中取得长足发展,立于不败之地。

企业信誉作为衡量一个企业是否诚信、能否按时履约承诺的重要指标,对企业有着十分重要的影响和作用。良好的企业信誉作为企业一份宝贵的无形资本,虽没有实物形态,却能潜移默化地对企业产生影响。良好的企业信誉也是企业生存发展的基础,有助于提高市场占有份额,扩大市场规模,加大新客户的拓展力度,具有良好信誉的企业才能发展壮大。同时良好的企业信誉能够节约交易成本,促使经济运行的效率得到较大提高。良好的企业信誉是企业诚信体系建设不可或缺的内容,是企业可持续发展的重要保障。常言道:"人无信则不立,企业无信则不昌。"良好的企业信誉是企业宝贵的无形资产,是企业生存发展的基础,还可以减少交易成本。

综上所述,企业信誉对企业发展的重要性越来越突出,良好的信誉是企业在市场中通行的一张王牌和名片,可以使企业在激烈的市场竞争中取得成功,影响着企业未来的发展前景和空间。因此,企业信誉对于构建企业诚信体系起着至关重要的作用。

(三)企业合作与战略联盟

企业的壮大发展除了企业自身的努力,更离不开企业间的合作。企业进行合作时,通常需要对对方企业进行整体实力的评估。评估时一般会对固定资产、盈利能力、偿债能力、财务状况等方面进行评估。除此之外,还会考虑企业的征信记录、诚信行为和履约能力这些关键因素。如果把企业的经济实力视为企业诚信能力的基础,那么,是否选择与这个企业合作,关键还是取决于这个企业的综合的诚信表现,即诚信能力、诚信意识和诚信行为等方面。可以说企业合作与战略联盟的缔结,依靠诚信的考察来降低交易成本。常见的合作模式有以下六种:资源互换、利益均分、股权转让、买断合作、保底加分成、加盟合作。

显然，企业是否诚信对其合作与战略联盟有着十分重要的决定作用。以诚信为核心价值观的企业，有利于吸引更多优秀的企业与之合作并建立战略联盟，更容易获得其他企业的青睐，能促使企业不断发展壮大。因此，诚信的企业可以实现更为紧密、更为长久的合作伙伴关系，实现双赢，取得更大发展。相反，不诚信的企业，则可能引发合作与战略联盟关系的随时破裂，从而破坏合作与战略联盟关系的稳定性。

Part 02

实 践 篇

第六章

企业诚信及其诚信体系建设案例

第一节 不同情景下的企业诚信

从某种意义上来说,企业也是一个历史概念,其形态随着经济发展和社会进步呈现出阶段性变化和不同的特点。以企业为载体的企业诚信为了与该阶段的企业形态相契合,也必须随之进行适应性的调整。因此,根据不同历史发展阶段,我们可以把我国企业诚信的表现形式划分成四种类型:即计划经济下的企业诚信、社会主义市场经济初级的企业诚信、大数据时代的企业诚信和共享经济下的企业诚信。

一、计划经济下的企业诚信

计划经济本质上是一种非商品化的经济制度,而企业是商品制度下的产物。公有制计划经济时代代表企业是指公有制企业,也称国有企业。国有企业,是指所有权属于全体人民,是公有性质的,由政府的相关部门来负责经营管理的企业形式。严格来说,计划经济时期并没有真正意义上的企业,只有所、厂、局、部、生产联合体和设计局等,它们是非商品化的组织,不是真正意义上的企业。这一时期的企业生产经营无须考虑盈利和亏损,只需要完成国家下达的生产计划和任务。政府作为国有资产的经营管理者的诚信,就是要求一方面负责国有资产的保值与增值,另一方面保证将生产出来的产品按时、按质量标准分配给人民。此时的企业就好比一个大的生产车间,企业的诚信就是按质按量完成生产目标,企业面向市场的机会很少。

二、社会主义市场经济初级的企业诚信

社会主义市场经济处于初级阶段,企业在计划和市场两种手段的调控下进行

资源的组合配置。作为市场的主体，企业和自然人一样，都拥有独立的产权和经济利益。这一时期的企业经营具有以下特点：第一，企业是以营利为目的开展经营活动的，而要实现企业盈利，就必须进行商品交换。由于价值规律的作用，商品交换只能在等价的基础上进行。第二，企业交往具有网络性特征，企业必须发展横向和纵向网络关系。横向网络关系能够保证企业生产要素的来路和销路，而纵向网络关系则可以保证生产经营自上而下地指导、协调、规划和监督。因此，该时期的企业诚信涉及面更广，主要包括政府、合作伙伴以及消费者。企业对于政府的诚信主要是遵守政府法律、法规，接受政府的监管，合法经营。企业对合作伙伴的诚信主要是按照双方约定公平交易生产要素和产品。企业对消费者的诚信则主要是向消费者提供与价格等值的产品和服务。也就是说，此时的企业诚信就是企业履行契约的诚信。

三、大数据时代的企业诚信

麦肯锡提出："数据，已经渗透到当今每一个行业和业务职能领域，成为重要的生产因素。人们对于海量数据的挖掘和运用，预示着新一波生产率增长和消费者盈余浪潮的到来。"可见，大数据时代已悄然来到。大数据使得人们所生活的社会科技高度发达、信息快速流通、人际交流越来越密切、生活也越来越方便。这一时期的企业可以通过对收集的大数据进行分析，获取企业所需的信息，然后进行更为合理有效的决策。然而，当前的大数据经济仍处于探索发展阶段，政府监管以及市场规则尚未成熟。这种情况下，更需要企业诚信经营，这不仅是为了维护利益相关者的权益，也是为了保证企业自身权益不受损害。大数据时代企业的重要特点是广泛运用互联网，包括利用互联网收集数据或者利用互联网平台经营。因此，该时期的企业诚信还涉及网络诚信问题。大数据和互联网时代，企业经营管理活动经常会涉及其他企业、消费者个人的信息。相应的该时期企业也要依靠这些数据才能得以存活和发展，因此，企业必须注意规范自我行为，信守承诺，加强自身诚信建设，并协助政府建设社会诚信体系。

四、共享经济下的企业诚信

共享经济被定义为"以获得一定报酬为主要目的，基于陌生人且存在物品使用权暂时转移的一种新的经济模式"。个体消费者通过相互间的分享、交换、租赁、借贷等行为实现共享经济。共享经济的本质是通过科学技术手段让资源的使用权实现短期转移，一方以低成本享受使用权，另一方所有权归属拥有者获得相应的收益，双赢机制为共享经济发展提供了基本动力。在移动互联网、大数据、云计算等技术支撑下,共享经济成为一个快速发展的领域,并成为资源配置效率提升的重要方式,有效地提升了资源的利用效率,缓释了供求矛盾。

在共享经济模式下,资源拥有者、资源使用者和平台运营者(管理者)互不相识,甚至互不见面就可以完成整个交易。在这种情况下,要想达成交易的首要条件和基础就是信任。诚信度高的人更容易获得对方的信任,诚信度高的企业才有可能得到交易。因此,共享经济实质上是一种诚信经济,服务的两端无信用则无交易。在实践中,各参与方的诚信行为在很大程度上影响着共享平台的活跃度,影响着企业的规模发展,影响着共享经济参与者的积极性。强化信息安全与信息保护关系到每一位参与共享经济的对象。共享的背后,实际上是对构建诚信经济时代的呼唤。诚信的风险仅仅依靠法律的制约是很难完全排除的,需要法律和诚信的双重保障,需要一套诚信体系把安全隐患因素最大限度地排除在外。

第二节　中国企业失信的案例分析

在组织中,诚信就意味着要坚守伦理价值观。诚信与合乎伦理的行为相联系,即行为上的诚信要在实际上或者规范上遵从约束和限制。一般来说,诚信是组织长期形成的价值观,在其遵循的行为标准中体现出来。诚信是黏合商业关系的黏合剂,是市场主体应遵循的道德规范。在市场中,买卖双方如果其中一方失去诚信,或者是没有遵循法律或道德标准,那么信任就会被摧毁,买卖终会受到影响,甚至其将很难生存下去。

企业的不诚信生产和经营搅扰着市场经济的正常秩序,引发社会信用危机,是影响市场经济正常运转的最大障碍。具体来说,我国企业的失信行为主要集中体现在以下四个方面。

(1)企业在生产过程中的失信行为。近年来,产品安全特别是食品安全问题越来越得到社会各界的广泛关注:"苏丹红""一滴香""地沟油""三聚氰胺"等食品安全问题在报纸、电视、网络等媒介载体中出现的频率居高不下。这些被报道的造成食品安全恐慌的产品,大多来源于规模不大的私人作坊和企业,极个别出自知名大企业之手。如"三聚氰胺",一夜之间就摧毁"三鹿集团"这样的大型企业,甚至撼动了中国乳制品行业。

(2)企业在市场营销过程中的失信行为。有些企业为了提高其产品的市场占有率来获得经济利益,单方面违背企业与消费者之间的诚信契约,使用不实广告、虚假包装、欺诈性推销等手段误导消费者。这些失信行为损害了消费者的合法权益,伤害了消费者对企业的信任。

（3）企业在市场合作过程中的失信行为。由于商业合同欺诈的事件屡有发生，许多合法经营的优秀企业都避之不及、裹足不前。有些企业为了规避企业间的合作风险，甚至舍弃货币交易而以货易货、一手交钱一手交货，这就大大阻滞了市场经济发展的进程。拖欠贷款、货款以及"拆东墙、补西墙"现象加大了企业的财务风险，同时给社会埋下了经济危机的种子。

（4）企业在内部管理过程中的失信行为。常见的有，对生产过程中的安全隐患秘而不宣；对生产作业中的危险系数少报、不报等。由于信息的不对称，在监控不力的情况下，拥有信息优势的一方就可能会为了私利产生失信行为。

近年来的企业诚信缺失主要有以下几种形式，具体见表 6-1。

表 6-1　企业诚信缺失的主要表现形式

名　　称	表现形式
信息欺诈	市场主体通过市场信息不对称进行的欺诈行为，主要有伪造合同、虚构、盗用、冒用主体资格，虚构合同标的、货源、销售渠道，发布、宣传、利用虚假信息，隐瞒重要事实等方式。如虚报注册资本、假冒注册商标、会计作假、财务做两套账等。
不遵守合同	市场主体不依照合同进行交易活动，违背诚信原则，不尊重合作方，侵害合作方利益，不履行合同义务。
侵害消费者合法权益	市场主体利用各种形式，或免除自身责任，或加重消费者责任，或排除消费者权利等，通过更加隐蔽的方式，逃避责任、转嫁责任等，满足自身利益。
质量问题	市场主体生产的产品或提供的服务达不到规定的标准，产品以次充好，以旧充新，生产过程和质量等不符合执行标准等。
假冒伪劣问题	市场主体通过假冒专利、盗版复制、假冒产地、假冒认证标志和防伪标志等方式，生产假冒产品，以次充好。
售后服务问题	不提供或不及时提供售后修理、维护、保养等服务，提供售后服务质量差等。如售后维修价格不透明、售后服务人员技术差、服务欺骗等。
拖欠贷款、逃债、废债问题	企业在经营过程中拖欠其他企业贷款或银行的贷款。
危害国家和社会公共利益	市场主体通过贿赂、胁迫、恶意串通等方式，损害国家和社会的公共利益。

本节主要以"长春长生""共享单车""快手"为例对企业失信行为进行剖析,分析其失信行为的发展过程、表现、原因和后果,进而探讨防范企业失信行为和建设企业诚信体系的实践规律。

一、生物制药行业的失信案例——长春长生公司事件

"长生生物"前身是一家国有企业。2004年,"长春高新"以每股2.7元的价格将"长生生物"出售给时任长春高新副董事长、"长生生物"董事长高某芳,随后经过19次股权转让和2次增资,公司最后转变为民营企业。2015年长生生物借壳"黄海机械"A股上市,注册资本6 649.034 609万元人民币。"长春长生"是上市公司"长生生物"的全资子公司。2017年,长春长生营收为15.39亿元,净利润5.87亿元,占上市公司营收比例超99%。

(一)事件的回顾

2017年11月,"长生生物"被发现百白破疫苗效价指标不符合规定。不到一年,该公司再曝疫苗质量问题。2018年7月11日,"长生生物"内部生产车间员工实名向国家药品监督管理局举报该企业的冻干人用狂犬病疫苗存在生产记录造假等行为。"长春长生"疫苗事件揭开帷幕,具体情况见表6-2。

表6-2　长春长生事件发展

时　　间	事件情况
2018.7.11	长生生物内部生产车间员工实名举报,信件送达国家药品监督管理总局。
2018.7.15	国家药品监督管理局发布通告:国家药品监督管理局根据线索组织检查组对长春长生生产现场进行飞行检查。检查组发现,长春长生在冻干人用狂犬病疫苗生产过程中存在记录造假等严重违反《药品生产质量管理规范》(药品GMP)行为。根据检查结果,国家药品监督管理局迅速责成吉林省食品药品监督管理局收回长春长生相关《药品GMP证书》,并发布了《关于长春长生生物科技有限责任公司违法违规生产冻干人用狂犬病疫苗的通告》,通告称,所有涉事批次产品尚未出厂和上市销售。
2018.7.16	长生生物(母公司)发布公告,表示正对有效期内所有批次的冻干人用狂犬病疫苗全部实施召回。并称几年来检测并未发现产品质量问题引起的不良反应。
2018.7.17	长春长生发声明称,已按要求停产狂犬病疫苗的生产,并表达歉意。同时宣称此次所有涉事疫苗尚未出厂销售,所有已经上市的人用狂犬病疫苗产品质量符合国家注册标准。

续表

时间	事件情况
2018.7.18	山东疾控中心发布信息，宣布山东省已全面停用长春长生生产的人用狂犬病疫苗。
2018.7.19	吉林省食品药品监督管理局行政处罚没收长春长生库存剩余疫苗186支，没收违法所得85.9万元，处违法生产药品货值金额3倍罚款258.4万元，罚没总额344.3万元。
2018.7.20	吉林省食品药品监督管理局行政处罚公示：长春长生生产的"吸附无细胞百白破联合疫苗"经中国食品药品检定研究院检验，检验结果［效价测定］项不符合规定，按劣药论处。这条处罚信息，是针对2017年11月的一起违法事件。由长春长生和武汉生物制品研究所有限责任公司生产的各一批次共计65万余支百白破疫苗效价指标不符合标准规定，国家食品药品监督管理总局已责令企业查明流向，并要求立即停止使用不合格产品。经检查，此批疫苗已销往山东、重庆、河北三个地区。
2018.7.21	事件进一步发酵。媒体报道迅速引起民众的愤怒和恐慌。
2018.7.23	吉林省委召开常委会议，强调长春长生违法违规生产疫苗行为，性质恶劣，触目惊心，必须依法依规坚决严厉查处；不论涉及哪些企业、哪些人都要坚决严惩不贷、绝不姑息。
2018.7.24	长生生物发布公告，公司股票将于7月25日停牌一天，26日复牌。公司股票自7月26日起被实施其他风险警示，股票简称变更为"ST长生"。公司表示，长春长生停止狂犬病疫苗生产及销售。
2018.7.24	根据最高人民检察院部署，长春市人民检察院按照吉林省人民检察院要求，7月23日依法成立专案组，对"长生疫苗"事件展开调查。专案组已提前介入公安机关侦查，引导调查取证，做好依法追究有关人员责任衔接；对"长生疫苗"损害公共利益情况及相关行政机关履职情况展开调查。检察机关将积极配合国务院调查组，依法做好相关工作。
2018.7.25	海关总署决定立即暂停采购和使用长春长生生产的各类疫苗。
2018.7.27	国务院调查组：已基本查清企业违法违规生产狂犬病疫苗的事实。调查组还原了实际生产记录和伪造的生产记录。公安机关已追回犯罪嫌疑人丢弃并意图损毁的60块电脑硬盘。企业有系统地编造生产、检验记录，开具填写虚假日期的小鼠购买发票，以应付监管部门检查。
2018.7.29	长春新区公安分局以涉嫌生产、销售劣药罪，对长春长生董事长高某芳等18名犯罪嫌疑人向检察机关提请批准逮捕。

（二）事件后果

（1）股份限售。2018年7月23日消息，深交所：为确保公司相关股东遵守中国证监会《上市公司股东、董监高减持股份的若干规定》《深圳证券交易所上市公司股东及董事、监事、高级管理人员减持股份实施细则》的规定，深交所已对长生生物大股东、董监高所持有的股份进行限售处理。[①]

（2）资产查封。2018年8月1日，公司子公司"长春长生"收到长春市公安局长春新区分局《查封决定书》，根据《中华人民共和国刑事诉讼法》第一百三十九条之规定，长春长生9处房产和61台车辆被查封。[②]上述资产被查封对公司日常经营管理活动将产生重大影响。

（3）司法冻结。2018年8月13日，ST长生在深交所发布《关于控股股东、实际控制人股份冻结的公告》。公告称，"长生生物科技股份有限公司"于2018年8月13日在核查股东持股情况，从中国证券登记结算有限责任公司深圳分公司系统申请查询股份冻结数据时获悉公司控股股东、实际控制人张某豪所持公司部分股份被司法冻结情形，现将有关情况公告如下。

截至本公告日，张某豪持有公司股票 174 062 400 股，占公司总股份 17.88%，司法冻结股数 7 200 000 股，冻结占其所持有股份比例 4.14%；控股股东、实际控制人高某芳、张某奎、张某豪共持有 356 876 714 股，占公司总股本 36.65%；司法冻结合计 190 014 314 股，占公司总股本 19.51%。[③]

（4）银行账户冻结。上市公司ST长生（原证券简称"长生生物"）发布公告称，经查询银行账户获悉，公司及全部子公司共34个银行账户被全部冻结，公司计划总投资16亿元的募集资金项目及12亿元的子公司产业园项目均已暂停。[④]

（5）逮捕相关负责人。长春新区公安分局以涉嫌生产、销售劣药罪，对长春长生董事长高某芳等18名犯罪嫌疑人向检察机关提请批准逮捕。[⑤]

（6）资产缩水。由于造假事件的影响，ST长生5个交易日跌停，总市值缩水155.87亿元。[⑥]

（7）取消高新技术企业资格。ST长生公告称，经吉林省高新技术企业

---

① https://www.fx112.com/news/415238.html.

② https://baijiahao.baidu.com/s?id=1607732369233120158&wfr=spider&for=pc.

③ http://quotes.money.163.com/f10/ggmx_002680_4643832.html.

④ http://guba.eastmoney.com/news, 002680, 775654849.html.

⑤ https://baijiahao.baidu.com/s?id=1607319385786976665&wfr=spider&for=pc.

⑥ https://baijiahao.baidu.com/s?id=1607732369233120158&wfr=spider&for=pc.

认定管理机构研究，决定从 2017 年度起取消"长春长生"（高企证书编号：GR201722000103）高新技术企业资格。"长春长生"被取消高新技术企业资格，将对公司经营业绩产生较大影响。①

（8）官员免职。"长春长生"事件也结束了相关政府官员的政治生涯，涉及的官员纷纷落马。根据 2018 年 8 月 16 日召开的中共中央政治局常务委员会会议精神，要求吉林省委和省政府、国家药品监督管理局向中共中央、国务院做出深刻检查。②

（9）行业遭怀疑。"长春长生"事件引发一系列严重后果，有媒体深挖曝光整个行业的丑闻，民众开始对整个行业产生怀疑、不信任、不满等情绪。尤其是百白破疫苗事件，民众对处罚结果表示愤怒，社会群众极度不满，甚至出现了黑客攻击长春长生官网的事情。相关事件虽已经开展后续补救措施，相关部门印发《接种长春长生公司狂犬病疫苗续种补种方案》，对接种了不合格百白破疫苗的儿童，按照要求进行了免费补种等；对接种了不合格狂犬病疫苗的，进行观察和免费补种等工作，尽量减小药剂的不良后果，但依旧很难补救公众对长春长生甚至整个药品行业的怀疑。

（三）事件分析

该事件中，"长春长生"为了自身利益蓄意造假、隐瞒事实，枉顾民众安全，最终导致自身巨大损失，并对整个行业造成负面影响。这次失信造假事件说明，企业诚信除了需要企业自身建设之外，还需要外界的硬性约束。完全依靠企业自身的诚信建设，具有极大的不确定性，必须要有外界的硬性约束。而在外界约束中，以下两方发挥着重要作用。

（1）政府发挥着决定性的作用。政府在企业诚信体系建设中，尤其是在垄断性的行业中，首先发挥着监督作用，政府相关领导、监督部门的监督力度等方面直接决定着整个行业的诚信环境。在本次事件中，个别相关责任人存在着受贿、不作为等行为，助长了"长春长生"的嚣张气焰，尤其是在"百白破疫苗事件"中，相关部门时隔 9 个月才进行处罚，且处罚力度小（罚没总额 344.3 万元，只相当于长春长生两天的营业额），使"长春长生"继续为所欲为。其次，政府发挥着引导作用，企业是追逐利益的，趋利避害是企业的天性，政府对违法的企业进行严肃的惩处，对优秀的企业进行优惠表彰，可以很好地引导企业对诚信行为进行选择。

---

① https://kuaixun.cngold.org/c/2018-09-19/c808930.html.

② http://www.xinhuanet.com/2018-08/16/c_1123282169.htm.

（2）媒体发挥着重要的舆论监督作用。在整个事件中，媒体发挥着不可或缺的重要作用，对"长春长生"造假事件进行跟踪报道，及时向公众反馈政府的文件指示，同时也不断采访民众等社会群体的意见，为民众和社会团体提供了有效的发声渠道。如"人民日报社"山东分社公众号东岳客利用朋友圈等自媒体，迅速对整个案件进行了详细报道；新华社和《人民日报》也发表报道进行评论，认为应"加大处罚力度，让违法者倾家荡产"，"重典治乱，给人民以交代"，"一查到底，方可纾解疫苗焦虑"等。

这个案例也反映出该行业诚信体系中存在诸多不完善的地方，主要有以下两点。

（1）相关部门失职。"长春长生"事件中，相关监管部门需要负重要责任，事件的发生和持续发酵过程中，相关部门并没有及时发挥应有的规范刚性，相反，该事件处处反映相关部门信息迟滞、行动迟缓以及缺乏责任意识。若无舆论宣传以及民众的极大"积怨"，这一事件或许将会就此沉默。

（2）行业制度不完善。这一事件反映的另外一个不完善之处就在于我国相关的行业制度不完善。民生无小事，但是，对民生极其不负责任的后果却只得到了极小的惩罚，这无疑给某些投机分子巨大的诱惑。行业制度的不完善会导致整个行业行为的不规范，出现"劣币驱逐良币"的现象，给行业从业者错误的引导，甚至会导致其他利益相关者对整个行业的不信任，给整个行业带来巨大的损失。

二、下沉市场的失信案例——快手短视频案例

（一）"快手"的发展历程

2011年，正是移动互联网风起云涌的时代，成千上万的App在那一年诞生，其中包括GIF快手。快手在2012年11月做了一个艰难的决定，开始转型，从纯粹的工具应用转型为一个短视频社区。通过4年的转型发展，"快手"彻底摆脱了工具化的制约，用户量大幅提升，但快速发展的同时也伴随着负面影响。

2016年4月，通过打磨产品和提升用户体验，快手的注册用户数成功突破3亿，快手成为全民生活分享平台。2017年3月，快手完成新一轮由腾讯领投的3.5亿美元战略投资，用于持续提升产品体验和加快技术研发，探索前沿性的人工智能和视频分析技术。2017年12月，技术驱动带来迅猛增长，实现了DAU突破1.1亿，人均使用时长超过66分钟。2018年6月5日，"快手"全资收购Acfun（以下简称"A站"），在资金、资源、技术等方面给予A站大力支持，A

站保持独立品牌和原有团队,维持独立运营。

在经营过程中,"快手"主动承担社会责任,分为幸福乡村、幸福成长和幸福伙伴三个板块。中国乡村千千万,蕴藏着极为丰富的人文与物产资源。"幸福乡村"活动借助快手的力量,找到并连接这些未被发现的资源,助力乡村振兴,让乡村成为幸福的发源地,也让乡村里的人收获属于自己的"独特幸福感"。关心青少年的成长,就是关注中国的未来。"幸福成长"借助快手的力量,推进青少年保护和青少年教育的建设,探索新媒体教育的新思路和新方案,为中国青少年营造一个更加健康、幸福的成长环境。一个人的善行是涓涓细流,汇集在一起就是社会大爱。"幸福伙伴"借助快手的力量,连接组织与个人,让公益志愿活动的形式更丰富、参与更简单、过程更透明,共同发挥更大的社会价值。

(二)相关新闻事件

2017年7月31日,山西公安网络民警在网上巡查执法时接到一位网民举报。举报称,该网民在直播软件"快手"看小视频时,看到有男子自称是山西省孝义市某公安派出所民警。拍摄者身着民警制服,但手上、胳膊及头上均有文身。而其中一个小视频,是拍摄者身着民警制服嘴上叼香烟录制的。网民举报者认为,该视频十分可疑,如此在网上流传,不仅有损国家执法者形象,也有损政府形象,希望有关部门严查。[①]

2017年10月31日,14岁少女在快手晒怀孕视频,还有自称00后女孩晒孕照。有网友发布微博称,在"快手"上看到有14岁女孩发的怀孕视频,并配有多张视频截图。消息一出,立刻引起网友热议。

2018年2月12日,央视《焦点访谈》播出了题为《重拳打击网络乱象》的节目,揭露了网络直播中存在的乱象。其中提到"快手"平台上存在未成年人打赏的问题。快手方面表示,公司已经注意到有媒体报道"快手"平台上存在未成年人打赏的问题,快手感谢媒体的关注和监督,并对当事人家长表达歉意,已进行了全额退款处理。[②]

2018年3月26日,针对媒体曝光快手平台存在大量有关假货推广的短视频的问题,快手表示,注意到有媒体报道快手用户在"快手"平台上展示仿制视频,已经在第一时间对报道中提及的账号进行了调查和处理。对于涉嫌传播教授制假的视频,将发现一起处理一起,行为严重者将上报国家相关管理部门。"快

---

① http://sx.people.com.cn/GB/n2/2017/0815/c189132-30611990.html.
② http://k.sina.com.cn/article_6451245519_1808631cf001003lpn.html.

手"称，任何用户在平台上的推广与销售行为，只要触犯了《中华人民共和国广告法》或其他相关法律，平台都将严厉处理，涉嫌账号将被限制部分功能直至封禁。①

2018年3月31日，央视曝光"快手"短视频平台出现大量未成年人早孕争当网红的视频，以未成年生子为噱头，争相炫耀。4月1日凌晨，在节目中被点名的"快手"在官方微博上做出回应，称进行了全站清查，查删封禁了一批视频和账号，同时关闭推荐功能，升级人工智能识别系统，加强核查。

2018年4月4日，针对社会舆论强烈关注的"快手"网站播出有违社会道德节目等问题，国家广播电视总局高度重视，立即会同属地管理部门严肃约谈了"快手"主要负责人。经查，网站除上述问题外，长期无视法规训诫，在不具备"信息网络传播视听节目许可证"的情况下持续顶风拓展视听节目服务，扰乱网络视听行业秩序。依据《互联网视听节目服务管理规定》，国家广播电视总局责令网站立即采取整改措施。

2018年4月5日，"快手"封禁了"牌牌琦"等违规账号。同时，快手客户端内容很快进行了更新，在"发现"栏目下，向用户推荐了诸多弘扬社会正能量、反映我国新时代新面貌以及巨大成就的相关内容。快手在微博发布公告表示，将连续5天在发现页进行固定的视频引导。该日，快手被央视点名后，下架安卓系统。

2018年4月，"快手"就国家广播电视总局严肃约谈网站主要负责人后发布整改措施：加大对审核的人力物力及技术投入；停止新增视频上传账户，直至整改结束；控制每日短视频上传总量，超过总量将关闭当日短视频上传功能；成立责任倒查小组，倒查小组由CEO宿华直接领导。4月6日，快手科技通过官方微博，回应国家网信办约谈一事称，将启动多举措进行整改。4月8日，快手在清明假期期间宣布紧急扩充审核员队伍，并已清理5.1万条问题短视频，封禁用户1.1万余人。4月13日，快手App首页左上方设置，左侧栏增加了一个带有未成年图标的"家长控制模式"。②

（三）案件的分析

"快手"提出自己的使命是"提升每一个人独特的幸福感"。从其官网可以看出，快手重视社会责任，重视社会正能量的传播，旨在引领正确的社会价值取向，这为其树立了一个良好的形象。然而在实际运行中，低俗与违法视频、假冒商品广告、未成年人怀孕生子等不利于社会正确价值观形成的现象频繁发生，多

---

① https://xw.qq.com/cmsid/TEC2018032602380906.
② http：//www.ccn.com.cn/html/news/xiaofeiyawen/2018/0404/346008.html.

次被新闻媒体报道，被国家广播电视总局批评、点名、约谈，这与其官网所传达出的良好形象并不相符，体现出其不诚信的一面。

在每一次被新闻媒体报道有负面影响的事件后，"快手"都迅速地回应并积极采取措施进行整改，但这些整改似乎都只是被动的，尚能够解决一时的问题，而在不久之后又会曝出更多的负面事件。这反映出媒体、政府甚至社会对这一行业的监督能够起到一定的作用，即他律可以发挥一定功效，但由于监督技术不足、惩处力度不大，此类负面事件仍再三发生，即外部的监督力度不够。

从"快手"的事件可以看出，对于短视频分享这一行业，他律发挥着重要的作用，他律使企业开始从内部进行一定自律，而他律的程度对于企业自身的诚信建设至关重要。民众的监督、媒体的曝光会对企业诚信建设产生一定约束力，政府需要完善相关法律法规、加大惩处力度。

三、共享经济的失信案例——共享单车案例

（一）共享单车"押金"事件始末

共享单车运营平台（以下简称"单车平台"）一般都规定"用户要使用平台提供的单车服务，需先支付押金"。单车平台利用收取的"押金"，进行进一步的规模扩张和资金周转。不同单车平台使用单车要求交付的押金数额有所差别，甚至同一单车平台面向不同身份的客户要求交付的押金数额也不相同。个别单车平台已经对一定条件的用户实行免押金服务，但是大部分平台依旧要求用户支付押金才能获得服务。

据部分用户反映，某单车平台并无关于"年卡不可退还"或"押金转为年卡"的提示和说明，点击交款后发现，本以为可退还的押金转变成了不可退的年卡。且客户使用单车卡服务期间，每日骑行次数和单次骑行时长仍有限制，超过规定次数、时长的需要补交手续费才能继续使用此卡。此外，用户申请退还押金和余额的程序非常烦琐，不能直接在平台申请退还，而是需要将用户的个人真实姓名和身份证号码通过邮件发送至指定邮箱。这一要求在用户交付款时并未有提示和说明，而且在用户使用单车平台、交纳押金和充值时并未被要求提供以上个人信息。

押金，即为保障出租方自身利益不受损害的预交款项。若承租方损害出租方利益，出租方有权在预先交付的押金中进行扣除或要求另行赔偿；当双方约定时间到期或其他原因而解除了事先约定的法律关系，且无其他纠纷时，出租方应将押金退还。押金常见于租赁合同中，出租人向承租人收取一定数额的押金。除承租人故意或不当行为给出租人造成利益损害之外，在合同期满、解除情形下，

出租人应当退还承租人押金。单车平台经营单车服务，向用户收取押金，实际上是将单车租给用户使用，性质等同于租赁。单车平台与用户之间以单车为物品，形成了租赁合同关系，若企业在合同中约定了押金条款，即用户在使用单车期间，负有向该平台交付指定数额押金的合同义务，不再使用时可主张退还押金。除用户存在故意或者不当使用造成单车损坏等情形外，单车平台需遵守押金合同规定，无条件退还押金，否则属于违约行为，应当承担相应违约责任。

案例中单车平台不合理扣留押金的行为，除违反双方合同约定，需要承担相应的行政责任之外，从企业经营管理的角度来说，其未做到对客户诚信。首先，单车平台收取用户押金后向用户提供单车服务，与用户形成了一种契约关系，根据押金和契约的性质，平台有义务在期满或解除契约关系时将用户的押金予以退还，但实际情况是该单车平台并未退还押金，即平台并未信守对用户的承诺，言而无信。其次，该单车平台没有提示和说明年卡及其金额不可退还，并将押金转换为不可退还的年卡。这促使消费者在不知情的情况下进行了交付款行为。再次，该单车平台页面标注"365天免押金免费"的宣传广告字样，与其收取"押金"和每日"限时限次"的行为相互矛盾，欺骗了消费者，容易使消费者产生误解，也是该平台"言行不一"、不守诚信的体现。最后，在用户申请退还押金和余额时，不能直接通过该单车平台退还，而是要借助另外的渠道，并且还要在事先没有说明的情况下提供用户的个人信息，这也是该单车平台、不重视与客户关系、不重视诚信的佐证。

（二）事件的分析

从上述的案例可知，企业失信的原因可分为内外两个方面：内部原因是在充满利益诱惑的市场经济中，企业总想方设法追求短期经济利益，对诚信置若罔闻，存在没有营造良好的诚信经营文化环境、没有遵守诚信经营法规、没有持续培养具备诚信品质的员工等问题；外部原因是诚信建设的法律法规不健全、监管制度不完善、对失信企业惩罚力度不够、媒体正确引导舆论方向的作用没有发挥出来等。内外两方面原因可以归结为一点：就是中国还未建立起成熟的企业诚信体系。企业诚信体系建设应当与时俱进、逐步完善。

虽然企业失信的行为或事件频频被曝光，但仍有一些企业始终严格自律，在企业的生产经营及与利益相关者的交往中遵循诚信要求，扎实管理，做到了诚信的表率，也体现了企业的风格。

四、小结

本章选取了三个企业失信负面案例，重点讨论企业失信所导致的严重后果。这三个案例均有一定的代表性。其中，长春长生的产品关系国民身体健康，该公司从国企转变为民营企业，是一个企业转型的代表，研究长春长生事件对研究基础产业企业转型诚信建设、防范失信具有重要意义。而快手短视频作为下沉市场的巨头之一，其粗放型发展导致产生了一系列违反国家相关法规的事件，极大地打击了市场对其积极的评价，相关事件又如"牛皮癣"一样难以摆脱，极大限制了快手发展。研究"快手"此类案例，可以分析下沉市场发展的混乱与无序导致产生一系列违规失信现象。寻找阻碍下沉市场健康发展的原因，为下沉市场的健康发展寻找出路。共享单车是新兴发展的共享经济的典型代表，对其进行研究有利于探讨共享经济失信行为的特点及危害，为规范共享经济业态发展寻找出路具有重要意义。

第三节　企业诚信体系建设的典范——某电网

一、某电网的发展历程[①]

中国某电网有限责任公司（以下简称"某电网"），于2002年12月29日正式挂牌成立并开始运作。其企业宗旨是"人民电业为人民"。公司供电范围为广东、广西、云南、贵州和海南，负责投资、建设和经营管理南方区域电网，经营相关的输配电业务，参与投资、建设和经营相关的跨区域输变电和联网工程；从事电力购销业务，负责电力交易与调度；从事国内外投融资业务；自主开展外贸流通经营、国际合作、对外工程承包和对外劳务合作等业务。

公司总部设有22个部门，下设总部后勤管理中心、年金中心2个直属机构，超高压公司、某电网培训中心（某电网党校、某电网干部学院）、某电网海外服务分公司等3家分公司；广东、广西、云南、贵州、海南电网公司、广州、深圳供电局、调峰调频公司、某电网国际公司、鼎信科技公司、资本控股公司、某电网物资公司、某电网能源院、鼎元资产公司、产业投资集团等15家全资子公司；某电网科研院、某电网能源公司、某电网财务公司、鼎和保险公司、广州电力交易中心、某电网传媒公司等6家控股子公司，职工总数30万人。

---

① http://www.csg.cn/gywm/gsjs/.

2005年，某电网首次跻身《财富》全球500强企业，排名第316位，标志着综合实力不断增强。其后，某电网在全球500强企业中的排名逐年上升，2018年排名上升至第110位。

截至2017年底，某电网累计有效专利数达10 834件，专利开发率提高到1.8件/百万元，发明专利占比从15.5%上升到34%，呈现"量质"齐升趋势，提前3年实现公司"185611"发展目标中第二个"1"，即"到2020年，累计有效专利拥有数不低于10 000项"的目标。

由世界品牌实验室（World Brand Lab）主办的（第十五届）"世界品牌大会"发布了2018年《中国500最具价值品牌》分析报告。在这份基于财务数据、品牌强度和消费者行为分析的年度报告中，某电网以1 335.95亿元品牌价值列第32位。

某电网自组建17年来，不仅为国家和社会创造了巨大财富和价值，而且高度重视诚信建设工作，持续推进公司及子公司诚信体系建设，强化诚信管理和规划意识，积极营造公平诚信的营商环境。

二、某电网诚信建设的特点

（一）企业诚信的基础：以文化诚信为实践原则

某电网的企业理念为诚信、服务、和谐、创新；行为理念是诚信做人，规矩做事；团队理念是忠诚干净担当，共建幸福某电网。某电网意识到培育诚信品牌的重要性，将诚信作为企业和员工始终践行的基本原则，崇尚诚信的优良品德，将制度诚信、技术诚信等贯穿于员工培训、生产经营和客户服务中；坚持做诚信企业，说诚实话，办诚信事，信守承诺，诚信面对各利益相关方，做到言行一致。

为了杜绝工作出现责任"真空"的现象，公司强调要明确职责界面，同时健全容错纠错机制。此外，员工应正视出现的错误，做到个人诚信、人际关系诚信，对发现的问题不掩盖、不回避、不推脱。相关人员严肃执纪问责，有效制订整改措施，要把形式主义、官僚主义问题消灭在萌芽状态，不断巩固整改成效。某电网各领域纷纷持续开展自查自纠，梳理存在问题，建立问题整改台账，各司其职，推动各项工作落实落地，营造良好的诚信工作氛围。

公司坚持依法合规治企，强化法治建设、党风廉政建设和内部审计。全要素、全流程推进精益管理，消除时间、成本浪费，保证产品质量。贯彻实施输配电价改革，稳步推进电力市场建设，坚持价格透明化原则，对顾客做到价格诚信。公司延伸责任价值链，帮助供应商、承包商提升履责能力。践行"一带一路"倡议，积极践行诚信经营理念，加强对外合作与战略联盟。开展多种形式的国际交流合作，以诚信促进企业更好地发展。

诚信对待员工，保障员工权益，努力为员工提供更丰厚的物质保障、更广阔的发展空间、更舒适的工作氛围，提升员工的幸福感和员工忠诚度。

（二）诚信管理的方式：以精益管理落实企业诚信

1. 制度诚信：员工培训中的精益要求

某电网开展精益管理培训，对领导干部进行"精益倡导者"培养，对管理人员进行精益理念和方法培训，对生产班组人员进行精益方法和工具培训，做到生产领域科级及以上干部、生产班组长精益管理业务流程全覆盖，管理人员及生产班组人员覆盖率达到60%。参加相应的培训，大多数的员工都能掌握基本的工具方法，消除每一个工序的浪费，使工序简洁化、人性化、标准化。

公司系统梳理了针对班组建设的要求：五星评价标准、安全生产风险管理体系、一体化作业标准等，编制了统一的评价标准；分层分级开展培训，保障全员掌握精益理念、工具和班组评价标准；建立"一班一精益"精益项目管理机制，收集合理化建议、微小改善案例、员工众创成果，通过"成果收集、总结提升、成果发布"标准化工作流程，形成一批精益成果并推广。

各单位深入挖掘提炼，挑选树立重点典型，创新形式载体，增强宣传感染力。定期在南网省公司各类宣传媒体上进行报道，加强员工培训，营造"人人乐于精益，事事成于精益"的局面，提升员工的诚信素质，使员工个人价值观与组织诚信价值观更契合，以期员工更好地执行公司制度，对同事诚信、对企业诚信。

公司加强系统内融合，形成统一的战略规划、统一的管理理念、统一的价值观、一体化的人才流通方案和一体化的管理运作机制，增强企业的凝聚力。上下同心，建设企业内部良好的诚信基础，保障公司做到言行一致的诚信发展。

2. 技术诚信：产品生产中的精益标准

公司通过改进一系列生产经营过程中的细节活动，如持续减少搬运等非增值活动、消除原材料浪费、改进操作程序、提高生产效率及产品质量，激发员工的工作热情；通过团队工作的方式创建并维持优良的设备管理系统，执行健康和安全管理，进行设备的标准化、器具的标准化生产工作；提高设备的开机率（利用率），增进安全性及高质量，从而全面提高生产系统的运作效率。

公司将精益管理思想融入安全生产管理中，进一步推动班组工作精简高效，提升员工技能，规范基层管理，推动生产领域班组实现精益转型。创建一批星级班组，保障员工在诚信遵守生产制度的基础上高标准、高质量、高效能生产作业，生产诚信产品，更好地为客户提供诚信服务。

3. 业务诚信：客户服务中的精益要求

某电网通过了解业务现状，明确流程的工作范围；通过跟踪信息流的线路，绘制实际流程图，了解流程的各个环节及其之间的相互关系；通过运用"不必要的动作、过度生产、过度加工、缺陷、等待、运输、过量库存和人员浪费"八大浪费（指任何从客户角度看不能为其增加价值的工作或资源利用）精益工具，审视分析业扩新装流程中存在的浪费现象，找出不精益环节，并分析造成时间浪费背后的原因，从而制定标准操作手册，规范流程走向，改进服务工作，提高顾客的响应速度，为客户提供更高效、便捷、诚信的服务。

在停电通知上通过先算后停的方式准确掌握停电计划方案的影响范围，总户数和总时户数。之后，由市场部依此信息与重要客户进行沟通，评估影响并确定最终的停电计划。在此基础上，同时实现对低压用户的停电通知到户，为客户提供及时沟通的诚信服务。

在电力抢修上，针对物料流与信息流中存在浪费的环节和改进点，形成改进计划，优化抢修工作，优化抢修复电工作流程环节的有效衔接，缩短停电时间，为客户提供安全、高效、诚信服务。

（三）企业市场诚信：以客户为中心的服务体系

某电网的服务理念是"以客为尊，和谐共赢"，即以客户为中心，健全客户全方位服务体系，一切为客户着想，努力为客户创造价值。通过持续有效地满足客户需求，实现客户满意，为客户提供诚信服务，打造公司"诚信名牌"，提升公司的经济效益和社会效益。[1] 公司以客户价值为出发点和落脚点，不断优化核心业务流程，让广大人民群众从"用上电"到"用好电"。

2018年5月，某电网App正式上线。该App涵盖电费查缴、停电信息查询、欠费复电、业务进度查询、故障报修、营业网点查询、用电新装与业务变更等内容，实现了全业务覆盖。健全客户全方位服务体系，让服务渠道越来越多、服务响应速度越来越快、服务内容越来越广，努力诚信经营，为客户提供优质服务。优质服务既是某电网对社会的责任，也是公司核心能力的重要组成部分。某电网坚持以客户为中心的服务体系，保证电网安全稳定运行，同时处理好与广大客户、发电企业的利益关系，在业界和大众中树立了良好的诚信口碑。

2018年5月10日，某电网发布《2017年社会责任报告》，报告显示2017年

---

[1] http://www.csg.cn/gywm/nwzg/.

公司售电量 8 902 亿千瓦时，同比增长 7.3%，连续 11 年获国务院国资委年度经营业绩考核 A 级，在世界 500 强企业中排名第 100 位。某电网电力服务水平不断提升，全网智能电表覆盖率达 93%；供电可靠性进一步提高，客户平均停电时间（低压）20.08 小时，下降 10%；中心城区客户年平均停电时间 2.14 小时，下降 21.3%。第三方客户满意度达 81 分，连续多年获得政府公共服务评价第一名。

在电力供应上，某电网始终坚持"一切事故都可以预防"的安全理念，强化风险闭环管控，确保了大电网安全稳定运行。持续挖掘管理和技术潜力，最大限度减少停电时间，多维度改善电能质量，为客户提供安全、可靠、绿色、高效的诚信产品与服务。

某电网坚持以客户为中心的服务体系，是其诚信经营的核心。某电网以客户需求为首，重视对客户的诚信承诺，它的企业精神是想尽办法去完成每一项任务。公司提供 24 小时电力故障报修服务，供电企业工作人员到达现场抢修的时限，自接到报修之时起，城区范围不超过 45 分钟，农村地区不超过 90 分钟，边远、交通不便地区不超过 2 小时。因天气、交通等原因无法在规定时限内到达现场的，向用户进行解释。新增报装客户供电方案答复期限：居民客户不超过 3 个工作日，低压电力客户不超过 7 个工作日，高压单电源客户不超过 15 个工作日，高压双电源客户不超过 30 个工作日。①

（四）企业社会诚信：以人民幸福为行动指南

某电网的战略目标是成为服务好、管理好、形象好的国际先进电网企业。提升员工执行力和攻坚难的信心，直面困难，勇于承担责任，寻求方法，解决问题，以人民幸福为行动指南，积极维护某电网诚信形象。

某电网切实履行社会责任，全力做好电力供应，在电力行业发挥了示范作用。它建设、运营好坚强统一的大电网，充分发挥电网的大平台作用，协调发电企业与电力客户的利益诉求，把握好电力市场化改革方向，为经济社会发展提供了坚强的电力保障。

作为央企，某电网还全力打好精准脱贫攻坚战。2017 年，公司投入新一轮农网改造资金 341 亿元，提升了农村供电质量；完成电力行业扶贫投资 402 亿元、定点扶贫资金 3.5 亿元，对外捐赠支出逾 1 亿元，直接帮扶 280 个贫困村脱贫摘帽、17.9 万人实现脱贫。某电网在 2017 年全国城市供电可靠性排名中排名第四；科技强网创新驱动发展，2017 年累计拥有专利授权数 10 834 件，新增申请书 2 694 件；建设智能电网，全网在运智能变电站 176 座；全系统没有发生较

---

① http://www.csg.cn/shzr/.

大及以上人身事故，没有发生设备和电力安全事故；提供优质服务，发布更高标准用电服务承诺，服务承诺率100%；服务渠道多元化，线上＋线下融合创新；第三方客户满意度81分，5年来首次突破80分达到优秀水平；优先使用清洁能源，为南方区域治理空气污染做出积极贡献。绿色环保，清洁每一度，非化石能源发电量50.8%，远超国内平均水平。以农网改造升级助力美丽乡村建设，为乡村发展注入坚强动力。发挥自身专业优势，因地制宜开展精准扶贫，投身社会公益，贡献某电网真情。

某电网还实施国家西电东送战略，促进西部清洁水电消纳。将绿色环保理念融入电网规划设计、建设、运营全过程，打造绿色工程。深挖自身节能降耗潜力，推动自身绿色运营。提供更多元、更优质的绿色产品和服务，助力全社会构建绿色低碳的生产生活方式。

（五）基于诚信的契约合作：合作与战略联盟

某电网以电网经营为主营业务，以经济效益为中心，以市场需求为导向，以契约精神为核心诚信经营发展；立足自身优势，提供优质有保障的电力服务，公司坚持供以给侧结构性改革为主线，抓重点，补短板，强弱项，增强公司的活力、潜力、影响力和抗风险能力。

公司不仅高质量满足人民日常用电需求，还多次为国家重大服务保供电，积极参与国际经济技术交流与合作，不断拓宽对外交流合作渠道，加入国际组织，参与标准制定，提升国际影响力与话语权。取长补短改进经营管理方式，建立现代化企业管理制度，重视科技创新，提高自主创新能力。公司携手价值链伙伴共创开放透明的履责生态圈，共享改革开放成果，保障合作伙伴权益，诚信合作，促进共同发展。公司充分发挥电网企业的纽带作用，与上游电厂建立战略合作关系，共同保障电网安全；帮助供应商、承包商提升履责能力，打造可持续价值链，为南方五省区实现新时代发展目标提供坚强、绿色、智能的电力支撑。

某电网作为央企，作为关系民生的行政垄断企业，其在诚信建设方面一直做出应有的表率。同时，诚信也给企业带来了巨大的价值和经济利益，某电网在诚信建设中探索出一个有特色、有温度、可推广的诚信体系和诚信建设模式，值得学习与借鉴。

三、某电网诚信体系建设工作方案

（一）方案目标

为保障公司合作项目质量、效益和进度，积极培育并倡导合作商"守合同、讲诚信"的良好经营风尚，规范公司项目合作管理工作，决定对公司合作商实行诚信管理，结合公司实际情况，制订本方案。

（二）制度依据（包含但不限于）

（1）《中国某电网有限责任公司基建工程承包商资信管理规定》。

（2）《中国某电网有限责任公司基建工程质量管理规定》。

（3）《中国某电网有限责任公司合同管理办法》。

（4）《中国某电网有限责任公司招标管理办法》。

（5）《中国某电网有限责任公司物资管理规定》。

（6）《广东电网公司物资合同履约实施细则》。

（7）网、省公司其他有关的制度、规定。

（三）术语和定义

（1）合作单位包括项目承包商、物资供应商、中介机构。

（2）项目承包商是指从事基建工程选址选线、可研、勘察、设计的设计企业；从事基建工程土建、电气安装施工总承包、专业分包的施工企业；从事基建工程监理和调试等企业。

（3）物资供应商是指提供电力设备材料、办公设备等各类物资的合作单位。

（4）中介机构是指提供规划及工程设计、监理、监造、教育培训、保险、物业管理、咨询服务、科技、信息、审计项目等除电力设备材料、电网建设工程监理和施工外的合作单位。

（四）职责

1. 公司合作单位诚信评价领导机构

（1）公司监察审计部是合作单位诚信评价工作的最高决策机构。

（2）公司监察审计部负责诚信评价的日常工作，负责对合作商年度诚信评价意见进行审批。

2. 公司合作单位诚信评价归口管理部门

公司基建管理部门、物流服务中心及合同承办部门是本单位合作商诚信评价的归口管理部门，其主要职责包括以下方面。

（1）负责组织对本单位合作商的诚信管理工作。

（2）负责汇总、统计下属各建设单位、业主项目部及部门上报的合作商年度诚信评价意见，组织本单位生技、安监、法律和监察部门进行评审，形成本单位的合作商年度诚信评价意见。

（五）管理内容与方法

（1）公司基建部、物流服务中心及合同承办部门根据公司监察审计部审批意见，参考招标服务中心建立的登记合作商数据库资料，为每一个登记合作商建立诚信档案。

（2）公司主要针对以下内容对合作商进行年度诚信评价。

①工程安全、环境保护控制情况。

②工程质量控制情况。

③工程进度控制情况。

④工程造价控制情况。

⑤资源配置情况。

⑥合同履约情况。

⑦企业经营管理、财务状况。

⑧质保期服务等其他情况。

⑨投标承诺兑现情况。

⑩综合评价情况。

⑪物资 / 服务质量情况。

⑫服务方案情况。

⑬供应进度 / 服务进度控制情况。

（3）合作商年度诚信评价范围为每年底在建工程或竣工移交生产一年以内所有基建工程的项目承包商、正在提供物资供应或物资到货后一年以内的物资供应商、正在提供相关服务或服务结束后一年以内的中介机构。

（4）项目承包商年度诚信评价工作以业主项目部具体评价、建设单位逐级汇总评价、公司最终评价相结合的方式，以保证评价信息客观全面。

（5）以项目承包商合同履约情况作为评价的基础。由业主项目部按照公司承包商诚信评价考核评分表（见附录 A、B、C），对评价范围内所有项目承包商年度诚信进行量化评价。评价结论分三级：不合格（60 分以下）、合格（60~90 分）、优良（90 分以上）。

（6）每年年末，各业主项目部对本项目的项目承包商年度诚信考核评分，对本年内完成工作的承包商年度诚信考核评分，报建设单位进行汇总评价。

（7）建设单位基建管理部门汇总、统计各业主项目部上报的项目承包商年度诚信评价意见，组织本单位生技、安监、法律和监察部门进行评审，形成本单位的项目承包商年度诚信评价意见，填写公司承包商诚信综合评价表（见附录 F），报公司基建部。

当项目承包商在一个建设单位承担的项目中有两个及以上项目被评定为不合格时，其在该单位年度诚信评价认定为不合格。

（8）基建部汇总、统计下属各建设单位、业主项目部上报的项目承包商年度诚信评价意见。组织本单位生技、安监、法律和监察部门进行评审，形成本单位的项目承包商年度诚信评价意见，填写公司承包商诚信评价结论表（见附录G），报公司监察审计部。

当项目承包商在公司中被两个及以上建设单位评定为不合格时，其在该单位年度诚信评价认定为不合格。

（9）以合作商合同履约情况作为评价的基础，由物流服务中心及合同承办部门对本项目的物资供应商及中介机构按照公司物资供应商诚信评价考核评分表/公司中介机构诚信评价考核评分表（见附录D、E），对评价范围内物资供应商及中介机构年度诚信进行量化评价。评价结论分三级：不合格（60分以下）、合格（60~90分）、优良（90分以上）。

（10）每年年末，物流服务中心及合同承办部门对本项目的物资供应商及中介机构年度诚信考核评分，对本年内完成工作的合作商年度诚信考核评分，报公司监察审计部进行汇总评价。

附录A 设计承包商诚信评价考核评分表

设计单位_____   评价项目_____

序号	评价考核项目	评分标准	满分	得分
1	工程安全、环境保护	1. 工程未发生承包商原因造成的工程安全责任事故，最高得3分； 2. 企业通过职业健康安全认证，得1分； 3. 企业通过环境保护体系认证，得1分； 4. 根据项目具体执行情况酌情扣分	5	
2	设计质量	1. 输变电工程全面实施典型设计，质量目标先进，系统配置优化方案与措施得力，竣工验收与运行质量达到合同约定，得10分； 变电：所区规划和总平面布置方案、主要建构筑物的技术方案、主要电气设备选型及规范、电气主接线及控制方式；线路：路径及气象条件选择、杆塔及基础型式选择、绝缘配合及导线、金具、绝缘子选型； 2. 新技术新工艺新材料的应用合理经济，得2分； 3. 针对工程特点提出设计优化措施合理，造价低，得3分；	25	

续表

序号	评价考核项目	评分标准	满分	得分
2	设计质量	4. 工程未发生承包商原因造成的工程质量责任事故，最高得 3 分； 5. 通过质量体系认证，最高得 2 分； 6. 工程设计获得省部级及以上奖项，最高得 5 分； 7. 根据项目具体执行情况酌情扣分		
3	设计进度	1. 图纸交付进度满足项目法人工期要求及投标承诺，设计进度安排及保障措施执行得力，得 15 分； 2. 根据项目具体执行情况酌情扣分	15	
4	工程造价	1. 投资概算编制合理，造价控制、优化设计措施得力，得 15 分； 2. 根据项目具体执行情况酌情扣分	15	
5	资源配置	1. 设计组织机构完善，设总、各专业的主设人资格满足要求、经验丰富，最高得 5 分； 2. 设计工地服务安排合理、充足，与工程进度匹配，最高得 5 分； 3. 根据项目具体执行情况酌情扣分	10	
6	企业经营、合同管理状况	1. 有专职合同人员，管理措施得力，合同履约过程中未出现重大违约情况，最高得 3 分； 2. 企业资信等级高、信誉好，最高得 1 分； 3. 企业财务状况（资产负债情况、现金流量及盈利水平）好，得 1 分； 4. 根据项目具体执行情况酌情扣分	5	
7	质保期服务等其他情况	1. 代行项目法人对设计单位的评价：设计单位的质量、安全、进度及与项目法人的配合等评价较好的，最高得 3 分； 2. 工程考核评比、质保期服务等情况，评价好的最高得 2 分； 3. 根据项目具体执行情况酌情扣分	5	
8	投标承诺兑现情况	1. 承包商投标时的承诺全部兑现，得 10 分； 2. 根据项目具体执行情况酌情扣分	10	

续表

序号	评价考核项目	评分标准	满分	得分
9	履约评价	合同履约综合评价： 好，得10分；较好，得8分；一般，得5分；差，得0分	10	
10	扣分项目	因承包商责任工程出现重大及以上安全、质量责任事故，直接认定为0分。承包商严重违约等导致合同执行困难，影响建设管理单位的声誉事项，扣10~20分		
	合计		100	

评价单位：_____　　　　　　　　　　　　　　_____年___月___日

附录 B　监理承包商诚信评价考核评分表

监理单位_____　　评价项目_____

序号	评价考核项目	评分标准	满分	得分
1	工程安全、环境保护控制	1. 企业通过职业健康安全管理体系认证，得4分； 2. 企业通过环境保护体系认证，得4分； 3. 安全、环境保护控制措施完善、职责分明、制度落实，得4分； 4. 工程未发生监理原因造成的工程安全责任事故，得3分； 5. 垃圾处理符合规定，不发生重大环境污染事故，得3分	18	
2	工程质量控制	1. 企业通过质量体系认证，得2分； 2. 质量控制措施得力，现场质量可控，未发生监理原因造成的工程质量责任事故，得5分（酌情扣分）； 3. 满足国家施工验收规范和质量评定规程优良级标准的要求，得2分； 4. 实现达标投产，得2分； 5. 获某电网优质工程，得4分； 6. 工程获得除南网以外的省部级及以上奖项，最高得3分	18	
3	工程进度控制	1. 进度控制措施得力，工程进度可控在控，得5分（酌情扣分）； 2. 总工期满足合同要求，得4分； 3. 按时完成工程阶段性里程碑进度计划和验收工作，得3分（酌情扣分）	12	

续表

序号	评价考核项目	评分标准	满分	得分
4	工程造价控制	1. 具备工程造价咨询资质，能向项目法人提供造价咨询服务，得3分； 2. 积极配合设计、施工单位进行优化工作，并及时主动反映、协调有可能对工程投资造成影响的任何事宜，得3分（酌情扣分）； 3. 造价控制措施得力，落实有效，得3分（酌情扣分）； 4. 最终工程投资控制符合批准概算控制指标及动态管理要求，得3分	12	
5	资源配置	1. 现场监理组织机构完善合理，得4分（酌情扣分）； 2. 总监及主要监理人员安排合理、充足，专业配套齐全，与施工进度匹配，资格证书齐全，得8分（酌情扣分）	12	
6	合同管理	合同管理措施得力，竣工资料完全符合达标投产及创优要求，真实完整，分类有序，移交及时，符合相关要求，得5分（酌情扣分）	5	
7	企业经营管理状况	1. 企业具备甲级监理资质，得1分； 2. 企业具备AAA信誉等级，财务状况良好，得1分； 3. 社会信誉良好（企业获评全国或省级优秀监理企业），得2分； 4. 企业履约能力良好（企业获评省级及以上重合同守信用企业），得1分； 5. 工程建设过程中信守合同、与项目法人配合默契，得2分	7	
8	质保期服务等其他情况	质保期内回访及时，出现问题处理及时，得4分（酌情扣分）	4	
9	投标承诺兑现情况	承包商投标时的承诺全部兑现，得5分（酌情扣分）	5	
10	合同履约综合评价	本合同履约综合评价：好，得7分；较好，得3分；一般，得1分；差，得0分	7	

续表

序号	评价考核项目	评分标准	满分	得分
11	扣分项目	因承包商责任造成工程出现重大及以上安全、质量责任事故,直接认定为0分。承包商严重违约等导致合同执行困难,影响建设管理单位的声誉事项,扣10~20分		
	合计		100	

评价单位:_____　　　　　　　　　　　　　　　____年___月___日

附录 C　施工承包商诚信评价考核评分表

施工单位_____　　评价项目_____

序号	评价考核项目	评分标准	满分	得分
1	工程安全、环境保护	1. 安全体系健全,有针对本工程完善的安全、环境保护管理措施,组织机构健全,职责分明、制度落实,最高得6分;(酌情扣分) 2. 工程未发生承包商原因造成的工程安全责任事故,最高得6分;(酌情扣分) 3. 企业通过职业健康安全管理体系认证,得4分; 4. 企业通过环境保护体系认证,得4分	20	
2	工程质量	1. 目标先进、措施得力,竣工验收与运行质量达到合同约定,得3分; 2. 工程未发生承包商原因造成的工程质量责任事故,最高得3分; 3. 通过质量体系认证,得2分; 4. 实现达标投产,得2分; 5. 获评某电网优质工程,得5分; 6. 工程获得除南网以外的省部级及以上奖项,最高得5分	20	
3	工程进度	1. 满足项目法人工期要求及投标承诺,施工进度安排合理,关键路径工序执行合理,得10分; 2. 根据项目具体执行情况酌情扣分	10	
4	工程造价	1. 工程最终造价合理,不超过批准概算,得5分; 2. 根据项目具体执行情况酌情扣分	5	

续表

序号	评价考核项目	评分标准	满分	得分
5	资源配置	1. 现场组织机构完善合理，最高得3分； 2. 项目经理、副经理资质合格，工程经历多、经验丰富，最高得3分； 3. 劳动力安排合理、充足，与施工进度计划匹配，最高得2分； 4. 施工机械配置充足、合理，机械性能先进，得2分； 5. 根据项目具体执行情况酌情扣分	10	
6	合同管理	1. 有专职合同人员，管理措施得力，合同履约过程中未出现违约情况，最高得5分； 2. 根据项目具体执行情况酌情扣分	5	
7	企业经营管理状况	1. 企业资信等级证书有效、资信好，最高得2分； 2. 企业财务状况（资产负债情况、现金流量及盈利水平）好，得2分； 3. 已承建项目的业主对施工单位的评价与获奖情况：施工单位的质量、安全、进度及与业主的配合等评价较好的，最高得1分； 4. 根据项目具体执行情况酌情扣分	5	
8	质保期服务等其他情况	1. 计划统计及信息管理目标明确、措施得力，得3分； 2. 针对工程特点提出的特殊措施和合理化建议效果好，得1分； 3. 对工程考核评比、质保期服务等情况，评价好，最高得1分； 4. 根据项目具体执行情况酌情扣分	5	
9	投标承诺兑现情况	1. 承包商投标时的承诺全部兑现，得10分； 2. 根据项目具体执行情况酌情扣分	10	
10	合同履约综合评价	合同履约综合评价：好，得10分；较好，得8分；一般，得5分；差，得0分	10	
11	扣分项目	因承包商责任工程出现重大及以上安全、质量责任事故，直接认定为0分。承包商非法分包、严重违约等导致合同执行困难，影响建设管理单位的声誉事项，扣10~20分		
	合计		100	

评价单位：_____　　　　　　　_____年___月___日

附录 D　物资供应商诚信评价考核评分表

物资供应单位＿＿＿＿＿＿＿＿　　评价项目＿＿＿＿＿＿＿＿

序号	评价考核项目	评分标准	满分	得分
1	物资质量	未发生物资供应原因导致的工程质量责任事故，最高得10分。	10	
2	技术性评价	1. 技术性能参数、功能等达到投标文件的技术要求； 2. 产品原料的技术参数符合生产厂家所生产产品原料供应的技术要求； 3. 原材料具有近两年第三方权威机构出具的检测报告	20	
3	供应进度	1. 满足项目要求制订详细和合理的项目实施计划； 2. 供货进度安排合理，产品运输、服务措施得到有效执行	10	
4	质保期服务等其他情况	1. 是否做出功能和性能保证，是否具有产品质量保证措施，对产品质量及售后服务是否做出切实、明确、合理的承诺； 2. 质保期服务是否按照保证得到有效执行	20	
5	投标承诺兑现情况	1. 供应商投标时的承诺全部兑现，得20分 2. 根据项目具体执行情况酌情扣分	20	
6	合同履约综合评价	合同履约综合评价：好，得20分；较好，得15分；一般，得10分；差，得0分	20	
	合计		100	

评价单位：＿＿＿＿＿＿＿＿＿＿　　　　　　　　　　＿＿＿＿年＿＿月＿＿日

附录 E　中介机构诚信评价考核评分表

中介机构单位＿＿＿＿＿＿　　评价项目＿＿＿＿＿＿

序号	评价考核项目	评分标准	满分	得分
1	服务质量	1. 服务项目期间未发生违反合同及相关责任事故； 2. 服务管理是否规范，报告报表是否全面	10	
2	服务方案	满足项目要求及投标承诺，服务方案安排合理，最高得 10 分	10	
3	服务进度	1. 满足项目要求及投标承诺，服务进度安排合理； 2. 服务响应、问题处理时效是否满足要求或高于要求	20	
4	资源配置	1. 现场组织完善合理，最高得 10 分； 2. 项目经理资质合格、相关经历多、经验丰富，最高得 10 分； 3. 项目人员安排合理、充足，与项目方案进度计划匹配，最高得 10 分	30	
5	质保期服务等其他情况	质保期服务等情况，评价好，最高得 20 分	10	
6	投标承诺兑现情况	1. 供应商投标时的承诺全部兑现，得 10 分； 2. 根据项目具体执行情况酌情扣分	10	
7	合同履约综合评价	合同履约综合评价：好，得 10 分；较好，得 8 分；一般，得 5 分；差，得 0 分	10	
8	扣分项目	因合作商在后续期间被发现存在相关责任问题，扣 10~20 分		
	合计		100	

评价单位：＿＿＿＿＿＿　　　　　　　　　　＿＿＿年＿＿月＿＿日

附录 F　承包商诚信综合评价表

_____年度_____公司

承包商名称		项目法人	
资质等级及证号		评价期	_____年___月至_____年___月
1. 项目名称	项目时间	评价得分	主要扣分项目（如果有）说明
	_____年___月至_____年___月		
2. 项目名称	项目时间	评价得分	主要扣分项目（如果有）说明
	_____年___月至_____年___月		
3. 项目名称	项目时间	评价得分	主要扣分项目（如果有）说明
	_____年___月至_____年___月		
4. 项目名称	项目时间	评价得分	主要扣分项目（如果有）说明
	_____年___月至_____年___月		
5. 项目名称	项目时间	评价得分	主要扣分项目（如果有）说明
	_____年___月至_____年___月		
综合评价	1. 综合评价得分 = 各项目评价得分的算术平均值 =_____ 2. 结论：良好　合格　不合格　有、无两个项目评定不合格		
诚信评价处理意见或建议	评价单位：（盖章）　　　负责人：（签字）		

附录 G 承包商诚信评价结论表

（　　　　年度）

承包商名称			
资质等级及证号		评价期间	＿＿＿年＿＿月 至＿＿＿年＿＿月
1. 综合评价单位名称		综合评价得分	
评价结论		良好　　合格　　不合格	
2. 综合评价单位名称		综合评价得分	
评价结论		良好　　合格　　不合格	
3. 综合评价单位名称		综合评价得分	
评价结论		良好　　合格　　不合格	
4. 综合评价单位名称		综合评价得分	
评价结论		良好　　合格　　不合格	
5. 综合评价单位名称		综合评价得分	
评价结论		良好　　合格　　不合格	
最终评价	1. 最终评价得分 = 各综合评价得分的算术平均值 = ＿＿＿＿ 2. 结论：良好　合格　不合格　有、无两个项目法人评定不合格		
诚信评价 处理结论	评价单位：（盖章）　　　　负责人：（签字）		

四、企业合作商诚信建设评价个案——以某公司合作商为例

本小节主要以广东电网有限责任公司某供电局为例，概述某供电局通过对供应商的人员素质、技术与生产能力及财务状况进行定性定量分析评分，以过往交易行为为评价方法进行合作商的筛选与再合作，以期更好地促进双方诚信合作，降低合作的不确定性和交易成本。某供电局的外部评价方案为我们企业诚信体系之合作商诚信管理体系建设提供了思路，并在此基础上优化发展。

某供电局为贯彻落实某电网公司审计管理规定，加强对审计成果的运用，逐

步完善对供应商的科学评价体系。结合实际情况，制定了运用审计成果评价外部合作单位的工作方案。考核评价的对象主要为参与各类工程建设的设计、施工、监理和造价咨询单位。由考核评价小组负责对局外部合作单位开展日常检查和考核评价；后由市局监审部牵头，收集考评年度范围内的审计成果。审计成果包括内外部审计、检查、监督最终报告或意见等。根据审计成果所反映的各外部合作单位的问题性质、数量、金额等方面对其扣分。根据审计考评结果进行排名、通报并作为招标、询价、竞争性谈判等后续招投标参考依据。

目前衡量企业信用状况的方法主要有定性分析和定量分析两大类。定性分析是根据过去积累的经验进行评价，常用的主要是内部评级法和专家判断法，这类方法没有规范的评价标准，受分析者经验和知识素养的限制，主观性和随意性很强；定量分析方法主要是通过构建合适的计量模型，结合科学的评价指标对企业信用进行评价，这类方法具有较为统一的标准，评价结果较为精确。

某供电局审计成果用于对外部合作单位的评价包括定性评价和定量评价两个方面的内容，评价实行百分制，分别对应权重70%和30%。

（一）定性评价

监审部收集上年度审计成果，对审计成果反映的问题类型和数量分别按本评价办法后附的设计、施工、监理、工程造价咨询单位评价打分表进行分类统计和打分。

审计成果用于对供应商的评价原则上每年开展一次。对审计成果反映的各供应商的问题类型和数量，按问题严重程度进行扣分，扣分以评价打分表中各类型问题的分值为限，各类型问题不得打出负分。

各供应商评价定性评价得分＝∑（各类型问题评价标准分值 – 各类型问题评价扣分）

问题按严重程度划分为重大差错、一般差错及小型差错三类。其中：每个类型问题评价得分＝该类型问题评价标准分值－重大差错数 × 重大差错扣分值－一般差错数 × 一般差错扣分值－小型差错数 × 小型差错扣分值。每项重大差错扣5分；每项一般差错扣2分；每项小型差错扣1分；每个类型问题评价得分最高分为该类型问题评价标准分值，最低分为0分。

纳入评价年度范围内的审计成果所反映的问题，在以前年度已对该供应商进行扣分的本评价年度不再扣分；在评价年度不同审计成果反映的问题重复的只扣分一次。已在定量评价反映问题不再在定性评价问题重复统计。

（二）定量评价

监审部收集上年度审计成果，对审计成果反映的净审减金额分别按本评价办法后附的设计、施工、监理、工程造价咨询单位评价打分表进行统计和打分。

审计成果用于对供应商的评价原则上每年开展一次。对审计成果反映的各供应商的净审减金额分项进行统计，以对应项目各供应商原结算金额所占比重进行打分，最高得分30分，最低得分0分。

各供应商评价定量评价得分＝Σ各供应商各项目净审减额 ÷ Σ各供应商各项目原结算金额

纳入评价年度范围内的审计成果所反映的净审减额，在以前年度已对该供应商进行扣分的本评价年度不再扣分；在评价年度不同审计成果反映的相同项目的净审减额有重复的，以项目的净审减额最大金额扣分一次。

（三）审计成果用于对供应商的评价综合得分

市局监审部对本部和各县区局提交的各供应商评价打分表进行统计，并进行综合评价。

各供应商的评价综合得分 = 市局评价分值 × 50%+ 县区局评价分值 × 50%

县区局对同一供应商评价得分不同的，以加权平均得分作为综合得分的分子公司评价得分。但此处加权系数各占50%，并未体现市局或县区局与供应商的关系比重，应该提高与供应商关系更为密切、更了解供应商施工情况的合作方的评分权重系数。

（四）考核评价结果运用

某供电局对各外部合作单位的考核评价结果将作为招标、询价、竞争性谈判等评标过程的参考依据，对采购评审小组专家的综合评分实行扣分，确定最终评标得分。具体扣分如下。

招标、询价、竞争性谈判等各对外合作单位最终得分 = 评标小组对各对外合作单位的最终评分 × 折扣率

折扣率：根据本方案对各外部合作单位考核评价结果，95分以上的打九八折；90分至95分打九五折；85分至90分打九二折；80分至85分打九折；75分至80分打八五折，70分至75分打八折，以此类推。

（五）某供电局外部评价方法启示

通过对某供电局外部合作商的评分解读，判断一个企业是否诚信经营需要通过诚信相关指标来衡量。某供电局外部合作商评价方案采用定性和定量相结合的评价方法，主要以合作商既往交易中所犯过失为评价依据进行打分，运用评价结果优化合作商，是传统企业诚信评价机制的典型。我们将吸取其评价方法的精华，并通过深度访谈、问卷调查、专家讨论等方式，分析我国企业诚信缺失的内在深层次的原因，探讨企业诚信体系建设模式和实现路径。

（六）附录

附录1　设计单位评价打分表
附录2　监理单位评价打分表
附录3　施工单位评价打分表
附录4　造价咨询单位评价打分表

附录1　设计单位评价打分表

问题类型	标准分值	评价要点	评价结果	问题数额	评分分值	扣分说明
一、定性评价	70分					
人员配置	20分	人员配置是否满足采购及服务要求，专业是否对口。	重大差错（每个扣5分）			
			一般差错（每个扣2分）			
			小型差错（每个扣1分）			
专业技术水平及服务情况	40分	1. 专业技术人员责任。 2. 技术负责人责任。 3. 违反行业标准和规定提供服务情况。 4. 违反某电网及省公司、市局规定提供服务情况。	重大差错（每个扣5分）			
			一般差错（每个扣2分）			
			小型差错（每个扣1分）			
成果及资料提交	10分	1. 咨询成果报告提交时间和格式是否符合要求。 2. 咨询成果报告校审签署盖章是否齐备。	重大差错（每个扣5分）			
			一般差错（每个扣2分）			
			小型差错（每个扣1分）			
二、定量评价	30分					
		按设计项目名称分别列示。	按设计项目对应设计费收费金额统计分别列示			

附录2 监理单位评价打分表

问题类型	标准分值	评价要点	评价结果	问题数额	评分分值	扣分说明
一、定性评价	70分					
人员配置	20分	人员配置是否满足采购及服务要求，专业是否对口。	重大差错（每个扣5分）			
			一般差错（每个扣2分）			
			小型差错（每个扣1分）			
专业技术水平及服务情况	40分	1. 专业技术人员责任。2. 技术负责人责任。3. 违反行业标准和规定提供服务情况。4. 违反某电网及省公司、市局规定提供服务情况。	重大差错（每个扣5分）			
			一般差错（每个扣2分）			
			小型差错（每个扣1分）			
成果及资料提交	10分	1. 咨询成果报告提交时间和格式是否符合要求。2. 咨询成果报告校审签署盖章是否齐备。	重大差错（每个扣5分）			
			一般差错（每个扣2分）			
			小型差错（每个扣1分）			
二、定量评价	30分					
		按监理项目名称分别列示。	按监理项目对应监理费收费金额统计分别列示			

附录3 施工单位评价打分表

问题类型	标准分值	评价要点	评价结果	问题数额	评分分值	扣分说明
一、定性评价	70分					
人员配置	10分	人员配置是否满足采购及服务要求，专业是否对口。	重大差错（每个扣5分）			
			一般差错（每个扣2分）			
			小型差错（每个扣1分）			
专业技术水平及服务情况	45分	1. 专业技术人员责任。 2. 项目负责人责任。 3. 违反行业标准和规定提供服务情况。 4. 违反某电网及省公司、市局规定提供服务情况。 5. 对工程项目的进度、质量、安全、造价的控制方面。	重大差错（每个扣5分）			
			一般差错（每个扣2分）			
			小型差错（每个扣1分）			
成果及资料提交	15分	1. 咨询成果报告提交时间和格式是否符合要求。 2. 咨询成果报告校审签署盖章是否齐备。	重大差错（每个扣5分）			
			一般差错（每个扣2分）			
			小型差错（每个扣1分）			
二、定量评价	30分					
施工费		按施工项目名称分别列示。	按施工项目对应施工费收取金额分别统计列示			
甲供材料		按项目材料供应项目名称分别列示。	按各项目甲供材料金额统计（不含税）			
废旧物资		按施工项目名称分别列示。	按施工项目对应施工费收取金额分别统计列示			

附录4　造价咨询单位评价打分表

问题类型	标准分值	评价要点	评价结果	问题数额	评分分值	扣分说明
一、定性评价	70分					
人员配置	20分	人员配置是否满足采购及服务要求，专业是否对口。	重大差错（每个扣5分）			
			一般差错（每个扣2分）			
			小型差错（每个扣1分）			
专业技术水平及服务情况	40分	1. 专业技术人员责任。 2. 技术负责人责任。 3. 违反行业标准和规定提供服务情况。 4. 违反某电网及省公司、市局规定提供服务情况。	重大差错（每个扣5分）			
			一般差错（每个扣2分）			
			小型差错（每个扣1分）			
成果及资料提交	10分	1. 咨询成果报告提交时间和格式是否符合要求。 2. 咨询成果报告校审签署盖章是否齐备。	重大差错（每个扣5分）			
			一般差错（每个扣2分）			
			小型差错（每个扣1分）			
二、定量评价	30分					
		按造价咨询项目名称分别列示。	按造价咨询项目对应咨询收费金额统计分别列示			

第四节　诚信领导在企业诚信建设中的作用

企业文化是指在一定的社会文化环境影响下，经过企业领导者长期倡导和职工的长期实践所形成的，为企业绝大多数职工所具有的独特文化观念和历史传统。

"领导"有动词和名词两种词性，作为动词的"领导"就是指挥、带领、引导和鼓励部下为实现目标而努力的过程。作为名词的"领导"就是指挥、带领、引导和鼓励部下去实现目标的人，即"领导者"或"领导人"。领导者拥有影响追随者的能力或力量，领导者必须有部下或追随者，领导的目标是通过影响部下来实现和达到的。领导者是企业的一面精神旗帜，他们的一言一行影响着企业的荣辱兴衰。

组织心理和管理学教授埃德加·沙因说："深入地研究文化和领导力，我们会看到它们是同一枚硬币的正反两面。单看文化或者领导力，都无法真正地理解文化或领导力。"领导的定义为指导、指挥他人完成某一目标的能力或权威，对伦理决策有着重要影响。[①] 领导人在影响组织的企业文化和伦理态度方面起着关键作用。一般说，企业文化就是企业领导者的文化，比如一位诚实可信的领导，那么这位领导所带来的团队风格也是诚信的；一位非常严谨的领导，那么这位领导所带来的团队风格也是严谨的。这表明了领导者和领导风格在企业文化中起到了至关重要的作用，企业需要通过培养领导的文化从而去培养企业的文化。从某种意义上来说，一方面，企业文化要建设成功，就要得到企业领导者的认同和支持。因此，领导者要有独特的能力来创造、融合、管理文化。另一方面，形成了企业文化之后，企业的员工认同于企业的价值观并产生使命感，企业的领导力也得以进一步提升。

企业领导者在企业文化构建中扮演着极为重要的角色。管理主要包括计划、组织、领导、控制四个环节，其中领导占据着重要地位。领导者需要具备敏锐的观察力，知道所在的组织中每个人的心理及存在的客观问题，通过口号的提出、行为的建立让组织成员共同达成一个愿景并行为一致，以形成一种文化，凝聚成一种力量。凝聚的力量在长期的经营实践下则会体现为组织成员的理想、信念和行为准则的一致性，最终形成企业真正的文化。同时，企业文化建设对领导者提出了要求：领导者的素质是建设企业文化的基础。领导者必须认识到企业文

---

① 费雷尔.企业伦理学——伦理决策与案例[M]北京：中国人民大学出版社，2012：113.

化的功能，在构建、培育企业文化上要下决心并实施相应的手段。企业文化并不只是说说而已，有的企业领导者只是口头上表述企业文化，认为企业文化不过是企业的精神文化建设或是企业员工的文化生活的另一种表达而已，用几句漂亮的口号来激励自己的员工、应付社会，这样是不可能培育和形成企业文化的。也有些领导者认识到企业文化的重要性，也下决心去培育企业文化，但是如果没有有效的机制与手段来保障企业文化的实施与维护，企业文化是不可能真正地发挥作用的。

领导者率先垂范。企业领导者在塑造组织文化的过程中起着举足轻重的作用，他个人的模范带头行为就是一种榜样和无声的号召，能给广大员工做出表率和示范。企业优秀文化的构建与培养企业领导者的以身作则至关重要。因此，要求企业领导者勇于创新、作风正派、克己奉公、率先垂范，真正担当起带领企业成员共建优秀组织文化的历史使命。

塑造企业领袖比积累财富更重要。企业领袖精神境界是企业的无形资本中一笔最难得的财富。企业家不仅需要提升自身的领导力，更要塑造自身的领袖境界。领导者的风格、精神与文化都会影响到企业的文化，领导者的领袖精神更是代表着企业的灵魂，领导者与企业文化密切相连。因此，企业在生产经营中要注重塑造企业领袖（英雄）形象，利用领袖（英雄）特殊的感召力以凝聚整个企业，来创造独特的企业文化。可以说，对大多数中国企业而言，塑造企业家的领袖精神，远比积累财富重要。积累再多的财富也有可能会失去，而领导者的领袖精神一旦形成就将以一种无形资本的形式长期存在，持续激励企业的员工，这种精神甚至可以不以领导者的生命为限，因此，培育企业家和企业家精神是企业文化管理的关键。

第七章

企业诚信体系构成要素的实证分析

实践证明，企业诚信的影响因素很多，为了进一步讨论企业诚信构成要素，本章将采用实证方法对企业诚信体系构成要素进行验证。本章主要分为三部分，第一部分验证企业诚信意愿、诚信制度、诚信能力对企业内部诚信影响；第二部分从合作商偏好的角度探讨企业合作商视角下的企业诚信评价体系；第三部分以领导—成员交换为中介来探讨诚信领导对员工创新绩效的影响。第一部分从企业内部的影响因素分析诚信体系的构成要素；第二部分从外部主要利益相关者视角讨论企业诚信构成要素；第三部分从企业领导视角讨论诚信领导的重要作用，进而讨论企业诚信领导的构成要素。通过这三部分的定量研究，系统地构建起企业诚信内部体系，为提出下一章的对策建议提供可靠的论据。

第一节 企业诚信意愿、诚信制度、诚信能力对企业内部诚信影响研究

一、假设提出

探讨企业诚信建设内在的实现机理，就要把企业视为一个行为主体。企业诚信行为的发生发展往往遵循"动机—认知—行为—结果"的逻辑。动机决定着行动，也就是说，不同的动机就会产生不同的认知，进而产生不同的行为，最后产生不同的结果。那么，企业是基于利益还是基于社会责任，动机不同，认知就不同，进而行动不同，行为结果也不同。市场经济下，企业只有产生诚信的意愿（动机），才会形成诚信认知，然后才会选择和采取守信的行为，进而产生守信的市场结果，反之亦然。缺乏行动意愿的行为，注定是不稳定的。因此，本文认为，企业产生诚信建设的意愿是决定企业进行内部诚信建设的重要因素。再

者，具备企业诚信能力是企业进行诚信建设的基础，缺乏诚信能力未必不会选择诚信建设。但如鸟之两翼，断了一个翅膀自然难以自由翱翔。诚信能力指企业讲诚信的各种实实在在的技术经济能力与无形的品牌诚信能力。企业想要在市场上建立诚实守信的形象，专业技术能力是一种实力的体现，更是一种保障。百年企业成功的秘诀在于诚实无欺。在社会公众中具有较高认可度，品牌的知名度和美誉度也是其诚信能力的体现。可见，诚信能力是企业诚信建设的重要条件。企业具备诚信建设的意愿，同时拥有诚信建设的能力，但还不够。如果在实施过程中缺乏制度保障，诚信行为就难以持之以恒，诚信体系也难以顺利建成。所以，我们认为，诚信制度也是诚信体系建设必不可少的一环，它包括诚信法律法规，诚信相关的奖惩制度、考核制度等。企业诚信制度作为强有力的约束手段，有助于企业诚信建设目标实现，是一种必要的保障。综上可知，诚信制度与诚信意愿、诚信能力相得益彰，共同保障了企业诚信建设的实现。因此，本章提出以下三个假设。

H_1：企业诚信意愿与企业内部诚信建设显著正相关。

H_2：诚信制度与企业内部诚信建设显著正相关。

H_3：诚信能力与企业内部诚信建设显著正相关。

二、内部诚信建设实证分析

本书首先利用 SPSS18.0 对问卷有效数据进行基本信息分析、探索性因子的信效度分析，随后运用 AMOS22.0 对二次发放的样本对本文提出的相关假设进行验证。最后基于几个因子的模型路径系数和显著性的差异比较，探究其对内部诚信建设的影响。

（一）探索性因子分析

1. 样本基本信息统计

本研究在阅读文献与专家意见的前提下开发测量的题项，提出从诚信意愿、诚信制度、诚信能力三个方面对企业内部诚信建设进行评价。为了进一步验证所构建的企业内部诚信建设指标的合理性，以广西某高校 2017、2018 级 MBA 学生为预调查对象，邀请企业管理领域的专家对题项进行甄别，并通过文献、实地调查等环节对企业内部诚信建设的指标层层筛选，得到 19 个问卷调查项。问卷采用了李克特量表，其中，1 表示完全不同意，5 代表完全同意。预调研发放了 118 份问卷，有效问卷 104 份，有效率达到 88%。

正式调查问卷通过问卷星，在网上一对一进行发放，发放人员大部分位于我国南部地区，少量分布在其他地区。样本在预调查的基础上根据不同职层、不同企业类型、不同教育背景的企业员工的意见对问卷进行优化，并最终形成问卷终极版。正式问卷共回收300份，其中删除答题时间过短或过长的问卷以及有明显逻辑错误的问卷，最后得到有效问卷255份，有效答卷率达到85%。样本的基本信息见表7-1。

表 7-1 样本基本信息统计

名称	类别	频数	百分比/%
企业性质	国企	45	17.6
	民营企业	140	55
	外资企业	24	9.4
	其他	46	18
性别	男	140	54.9
	女	115	45.1
学历	专科及以下	58	22.7
	本科	127	49.8
	硕士及以上	70	27.5
年龄	30岁及以下	199	78
	30岁以上	56	22
职级	管理者	165	64.7
	普通员工	90	35.3
工作年限	3年以下	87	34.1
	3年及以上	168	65.9
企业规模	大型	97	38
	中型	97	38
	其他	61	24
合计		255	100

根据表7-1可以发现，样本性别男女占比适中，分别为54.9%、45.1%；虽然国有企业的样本数较小，企业多集中于民营企业，但基本企业类型均有涉及，因此，样本还是有代表性和说服力的；学历层次上，本科生多，硕士学历及以上

和专科及以下的样本少;年龄以 30 岁为分界线,占比适中;职级,管理者大概是普通员工的 2 倍,说明答卷者中,中高层管理者居多;工作年限上,3 年及以上大约是 3 年以下的 2 倍,可见,被调查者多属于老员工,工作时间较长,那么对企业的建设情况了解会相对充分;企业规模比例适中,有一定代表性。综上可知,样本符合本文研究中对调查对象的要求。

2. 信度分析

信度分析是对同一测量题项进行重复测量,得到一致性测量结果的方法。一致性的程度越高,说明测量的结果越可靠。在统计学科中,信度的测量有很多种方法,其中最常用的是克朗巴哈系数,本研究采用的检验方法即是克朗巴哈系数。具体检验结果见表 7-2。

表 7-2 各变量的信度分析结果

变量	题项	项已删除的 Cronbach's Alpha 值	Cronbach's Alpha 值
总体信度	23 个题项		0.893
诚信制度	U8	0.890	0.885
	U9	0.886	
	U10	0.886	
	U11	0.887	
	U12	0.886	
	U13	0.885	
	U14	0.885	
诚信意愿	U15	0.886	0.903
	U16	0.886	
	U17	0.887	
	U18	0.886	
	U19	0.886	
	U20	0.885	
	U21	0.887	

续表

变量	题项	项已删除的 Cronbach's Alpha 值	Cronbach's Alpha 值
诚信能力	B22	0.899	0.758
	B23	0.896	
	B24	0.896	
	B25	0.892	
	U30	0.903	
诚信建设效能	Y26	0.888	0.876
	Y27	0.887	
	Y28	0.889	
	Y29	0.888	

根据数理统计学理论，Cronbach's Alpha 系数大于0.7，表明数据分析结果可信。23个问项的 Cronbach's Alpha 系数为0.893，高于0.7这一常用标准，说明问卷信度较高，可以使用。研究进一步发现删除"领导者拥有更多社会资本的企业更值得信任"这一问项，问卷信度增加，达到0.9以上，为0.903，因此，对该问项进行删除。最后，得到22个问题。且企业诚信制度、诚信意愿、诚信能力、诚信建设效能四个变量的 Cronbach's Alpha 值分别为0.885、0.903、0.758、0.876，均在0.7之上，可见，各个构念信度良好。

3. 效度分析

效度分析是衡量问卷的有效程度，反映问卷所要测量内容的程度，具体分为逻辑效度和结构效度。逻辑效度指的是所设计的问项对测量内容的反映程度。本研究设计的问项是经过阅读大量相关文献以及已有的比较成熟的量表而设计出来的，之后又对初次设计的问卷进行了预调查，并且在相关研究者的建议下进行了完善。所以，本研究所设计的问卷量表具有良好的逻辑效度。结构效度指的是设计的问项对被研究的理论概念的反映程度，本研究采用因子分析的方法测量结构效度。具体见表7-3。

表 7-3　KMO 和 Bartlett 的检验

取样足够度的 Kaiser-Meyer-Olkin 度量		0.912
Bartlett 的球形度检验	近似卡方	3 372.915
	df	231
	Sig.	0.000

基于表 7-3 数据发现，KMO 为 0.912>0.9，且 Bartlett 的球形度检验 Appros. Chi-Square 值为 3 372.915（Sig=0.000），达到显著标准，适合做因子分析。具体见表 7-4。

表 7-4　探索性因子分析

题项	测量指标	成分 1	成分 2	成分 3	成分 4
U21	上下级之间的信任	0.788			
U20	同事之间的信任	0.752			
U19	员工个人诚信	0.749			
U17	诚信产品和服务质量	0.736			
U16	诚信宣传教育和培训	0.689			
U15	高管个人诚信	0.632			
U18	诚信核心文化	0.592			
U12	诚信纳入绩效考核指标		0.776		
U11	诚信奖惩机制上下级之间的信任		0.741		
U9	员工诚信档案		0.739		
U10	合作方诚信档案		0.713		
U13	诚信行之有效		0.698		
U8	诚信建设的专职人员或部门		0.640		
U14	诚信贯穿于企业经营管理活动		0.612		
Y27	促进员工相互信任			0.865	
Y28	值得员工信任			0.793	

续表

题项	测量指标	成分 1	成分 2	成分 3	成分 4
Y26	自觉维护公司利益			0.789	
Y29	关注员工职业发展			0.767	
B23	人职匹配				0.795
B22	员工专业技术、敬业度				0.794
B24	管理完善、执行力强				0.732
B25	品牌企业				0.666

注：提取方法：主成分分析法。旋转法：具有 Kaiser 标准化的正交旋转法。a. 旋转在 7 次迭代后收敛。

根据上述探索性因子分析，采用正交旋转法提出 4 个特征成分，所提取出的因子与本文问卷题项的结构相对应。解释方差达到 69.4%，且所有问题的因子载荷大于 0.5。所以，本研究认为探索性因子分析的初步检验结果符合模型设定。这为接下来进行数据分析提供了保障。

（二）验证性因子分析

本书基于上述探索性因子分析得到 22 个指标的设计问卷发放第二次问卷，二次调研时间集中于 2019 年 1—3 月，采取网络发放电子问卷形式，发放于问卷星，问卷多来源于河南、湖北、北京、广西几地，具有一定的可信度。累计回收 460 份问卷，删除没有工作年限或者工作年限较短、答题时长过长或过短的、有缺失项，以及明显有逻辑错误的（本问卷设计四个反向题项作为逻辑呼应），最终得到有效问卷 398 份，问卷有效率为 86.5%。量表和探索性因子分析保持一致，采用李克特量表，"1~5"为"非常不满意"到"非常满意"的五种程度。

1. 企业内部诚信建设研究模型图

本研究模型包含 3 个外生潜变量、1 个内生潜变量、22 个观测变量，其中诚信制度 7 个、诚信意愿 7 个、诚信能力 4 个、诚信建设效能 4 个。具体如图 7-1 所示。为了进一步对内部诚信建设的模型结构进行检验，本研究对图 7-1 所示的研究模型图，在运用 AMOS22.0 的基础上对其进行验证性因子分析信效度检验。

2. 验证性因子基本信息描述统计分析

从性别分布看，男性占 55.4%，女性占 44.6%，男女占比适中；从年龄分布

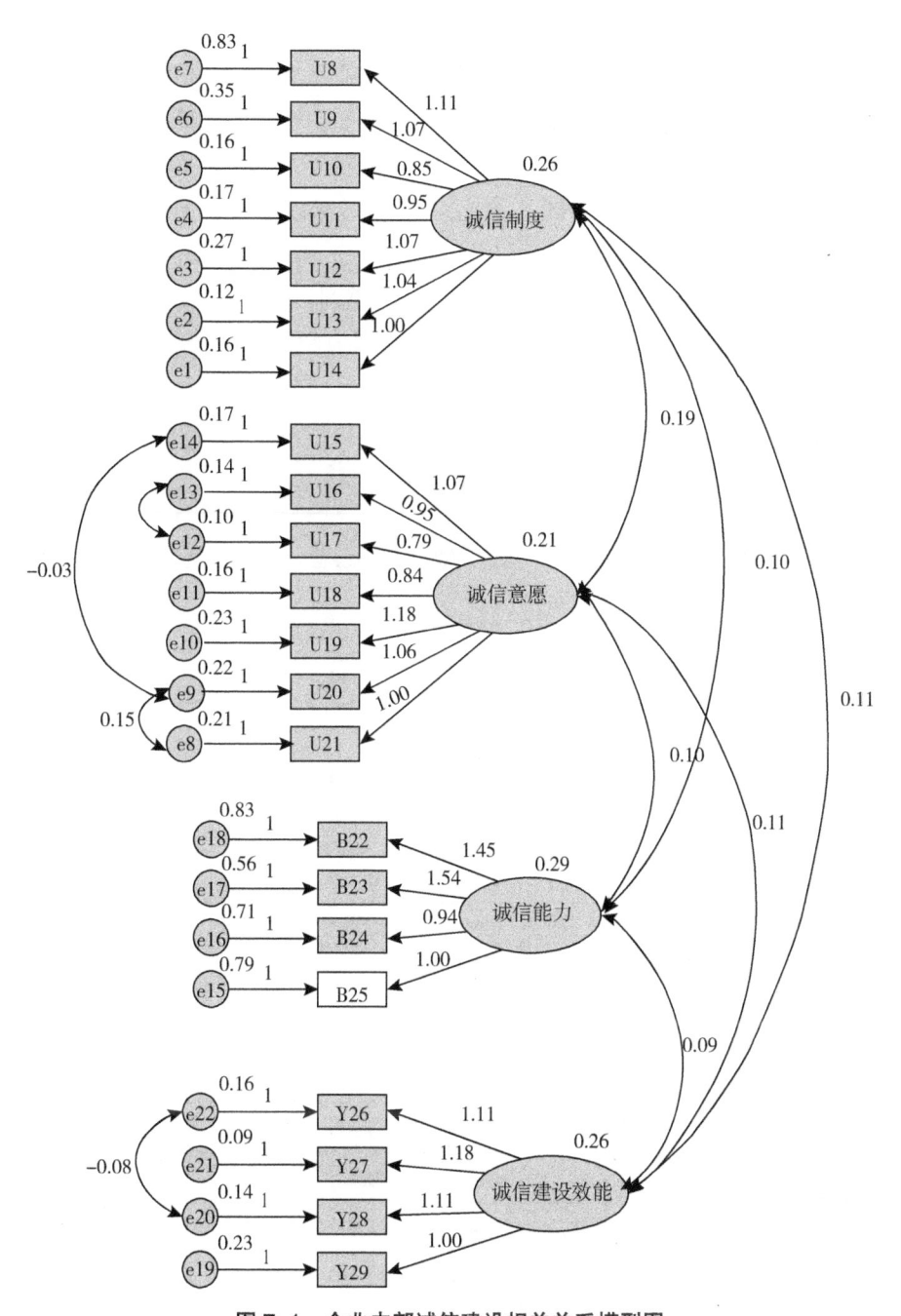

图 7-1　企业内部诚信建设相关关系模型图

看，30 岁以下占 39.7%，30 岁及以上占 60.3%，30 岁以上的对象大约是 30 岁以下的 2 倍；因为填写对象多为 MBA 学生，较为符合现实情况；从受教育程度看，高中及以下占 4.4%，专科及以下占 13.8%，本科占 52.8%，研究生占 29%；从调查对象职位级别上看，高层管理者占比为 7.8%，中层管理者占比 29%，基层管理者占比 24.1%，普通员工占比 39.1%，普通员工居多，其他职级比例适中；从工作年限来看，5 年及 5 年以下占比 49.6%，5 年以上占比 50.4%；从企业性质上看，央企与国企占比 14.4%，民营企业占比 58.4%，外企、乡镇企业及其他类型企业占比 27.2%；从企业规模来看，大型企业占比 26.9%，中型企业占比 41.6%，小型及微型企业占比 31.5%。问卷样本具有较好的代表性。

3. 验证性因子信效度分析

企业内部诚信建设的信效度检验见表 7-5。

表 7-5　内部诚信建设的信效度检验

维度	题项	因素负荷量	信度系数	测量误差	组合信度	平均变异量抽取值（AVE）
诚信制度	U8	0.527*	0.278*	0.722		
	U9	0.676*	0.457*	0.543		
	U10	0.737	0.544	0.456		
	U11	0.762	0.580	0.420		
	U12	0.725	0.525	0.475		
	U13	0.837	0.701	0.299		
	U14	0.785	0.616	0.384		
					0.885	0.529
诚信意愿	U15	0.768	0.590	0.410		
	U16	0.759	0.577	0.433		
	U17	0.747	0.557	0.443		
	U18	0.692*	0.497*	0.503		
	U19	0.748	0.560	0.440		
	U20	0.719	0.518	0.482		
	U21	0.708	0.501	0.499		
					0.891	0.541

续表

维度	题项	因素负荷量	信度系数	测量误差	组合信度	平均变异量抽取值（AVE）
诚信能力	B22	0.654*	0.428*	0.572		
	B23	0.744	0.554	0.446		
	B24	0.515*	0.266*	0.734		
	B25	0.520*	0.270*	0.730		
					0.705	0.380*
诚信建设效能	Y26	0.815	0.665	0.335		
	Y27	0.899	0.809	0.191		
	Y28	0.830	0.688	0.312		
	Y29	0.729	0.531	0.469		
					0.891	0.673

注：* 表示未达到判别标准，因素负荷量 <0.7，信度系数 <0.5，平均变异量抽取值 <0.5。

组合信度表示观察变量的内部一致性。收敛效度表示同一个概念维度中各个题项之间的关联性。区别效度表示不同概念维度之间的区别性。从表 7-5 可以看出，诚信制度、诚信意愿、诚信能力、诚信建设效能的组合信度分别为 0.885、0.891、0.705、0.891，均在 0.7 以上，其对应的平均变异量抽取值（AVE）分别为 0.529、0.541、0.380、0.673，只有诚信能力的 AVE 值在 0.5 以下。可见，本模型的组合信度较为良好，且具有较好的收敛效度。个别问卷题项的信度检验，22 个题项的信度系数均大于 0.2，表明可以接受各个题项的信度。当研究发现两个不同构念测量的相关性越低，说明它们之间的区别效度越好。本书将模型中某一潜变量的 AVE 平方根放在相关系数矩阵的对角线进行判断，当其大于其他相关变量之间的相关系数时，说明问卷的区别效度良好。计算汇总见表 7-6：3 个因子的相关系数均小于 AVE 平方根，其中一个因子略大于 AVE 平方根，可见本研究问项的区别效度基本达到标准。

表 7-6 内部诚信建设相关系数矩阵与 AVE 平方根

维度	诚信制度	诚信意愿	诚信能力	诚信建设效能
诚信制度	0.727			
诚信意愿	0.824	0.736		
诚信能力	0.368	0.417	0.616	
诚信建设效能	0.437	0.466	0.337	0.820

4. 模型拟合检验

一般来说，模型拟合指数可以判定模型拟合效果，分为绝对拟合指数、增值拟合指数、综合拟合指数。本章对拟合优度 χ^2/df 统计量、绝对拟合指数近似均方根残差（RMSEA）、增值比较拟合指数（CFI）、增值拟合度指数（IFI）、综合拟合指数（PGFI、PNFI）几个统计量进行模型拟合，见表 7-7。从表 7-7 可以看出，各指标均达到建议值，可见本研究构建的模型拟合度良好。

表 7-7 模型拟合判断表

项目	χ^2/df	RMSEA	CFI	IFI	PGFI	PNFI
判断标准	<3	<0.08	>0.9	>0.9	>0.5	>0.5
拟合结果	2.193	0.070	0.920	0.921	0.675	0.744
是否达标	是	是	是	是	是	是

5. 内部诚信建设的结构模型及假设检验

根据图 7-2，得出以下分析。

假设 H_1：诚信意愿对诚信建设效能的路径系数为 0.37（$p<0.01$），可见企业诚信意愿正向影响企业诚信建设效能，即 H_1 假设得到验证。

假设 H_2：诚信制度对诚信建设效能的路径系数为 0.15（$p<0.01$），可见企业诚信制度正向影响企业诚信建设效能，即 H_2 假设得到验证。

假设 H_3：诚信能力对诚信建设效能的路径系数为 0.17（$p<0.01$），可见企业诚信能力正向影响企业诚信建设效能，即 H_3 假设得到验证。

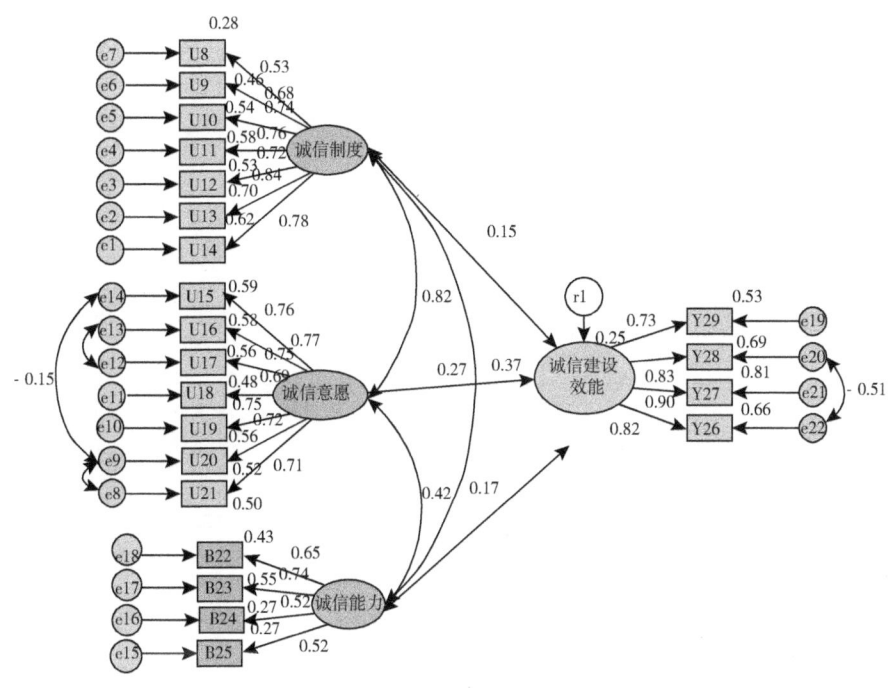

图 7-2　内部诚信建设的标准化路径系数图

第二节　企业合作商诚信评价体系的实证研究

一、问卷样本基本信息统计

本次研究主要采用问卷调查的方法，样本选取对象为全国各大企业的管理人员和普通员工。为了避免企业规模、企业类型不同而影响本次结果，本次研究选取了不同规模（从微小型到大型）及不同类型（包括国企、央企、民营、上市、非上市企业）的企业进行调查，保证样本的代表性。本次研究共计收回问卷450份，其中有效问卷320份，剔除无效问卷130份。问卷回收统计样本详细情况见表7-8。

表 7-8 基本信息统计

名称	类别	频率	百分比 /%
性别	男	176	55.0
	女	144	45.0
年龄	18~25 岁	71	22.5
	25~30 岁	76	24.1
	30~40 岁	106	33.5
	40~50 岁	63	19.9
学历	高中及以下	14	4.4
	专科	44	13.8
	本科	169	52.8
	硕士及以上	93	29.0
职级	高层管理者	25	7.8
	中层管理者	93	29.1
	基础管理者	77	24.1
	普通员工	125	39.1
工作年限	3 年以下	184	57.5
	3~10 年	63	19.7
	10 年以上	73	22.8
企业类型	央企	18	5.6
	国企（非央企）	28	8.8
	民营企业	187	58.4
	乡镇企业	1	0.3
	外资企业	31	9.7
	其他	55	17.2
企业规模	大型	86	26.9
	中型	133	41.6
	小型	80	25.0
	微小型	21	6.5
是否为上市公司	是	85	26.6
	否	235	73.4

从表7-8可以看到，本次问卷调查的男女比例较为均匀，分别为55.0%和45.0%。被调查者的年龄集中在25岁以上，占总体比例的77.5%；在学历上，专科所占比例为13.8%，本科所占比例为52.8%，硕士及以上所占比例为29.0%，被调查对象专科以上学历占比达到95.6%；在职级上，管理层所占比例为60.9%，普通员工所占比例为39.1%；在工作年限上，3年以下的占比为57.5%，3~10年的占比19.7%，10年以上的占比22.8%，大部分调查对象的工作年限在3年以下；被调查者所在企业的类型包括了央企、国企、民营、乡镇以及外资企业，并且他们所在企业的规模覆盖到大型、中型、小型以及微小型。综上可见，样本符合本研究中对调查对象的要求。

二、合作商诚信评价体系构建以及实证检验

（一）研究假设

根据已有文献研究和实地调查，结合以往学者的观点，发现：

（1）一个诚信的企业，如果在所有的生产经营活动中都保持诚信，其过往交易记录中失信的次数就会越少，商业口碑就会越好，其他企业越愿意和其合作。因此，企业在寻找合作商时，可以通过过往交易记录对合作商进行诚信评价。本研究据此做出假设1如下。

H_1：过往交易与合作商企业诚信显著正相关。

过往交易记录是指合作商与本企业（若已有合作）或其他企业进行合作过程中的诚信记录，包含q1~q3，主要从合同前后态度一致、不良的交易记录和商业口碑三个方面来进行测量。

（2）个人素质水平高、人尽其才的企业，其失信导致的个人道德压力就会越大，因此失信的可能性就会越小，企业越能诚实守信。因此，人员素质水平高的企业是很好的合作伙伴。本研究据此做出假设2如下。

H_2：人员素质与合作商企业诚信显著正相关。

人员素质是指企业人员的个人素质以及其职位匹配度，包含q4~q7，主要从员工素质、领导人素质和人职匹配度进行测量。

（3）外界环境约束的能力越强，企业的失信成本就会越高，其失信的可能性就会越小。因此，环境约束可以很好地保证企业诚信，是企业寻找合作商的重要测量指标。本研究据此做出假设3如下。

H_3：外部环境约束与合作商企业诚信显著正相关。

（4）研究还认为，财务实力、产品生产能力、企业其他优势等"硬性"实力也是评价企业诚信的重要指标。首先，财务实力是一个企业生产经营必不可少的

能力，财务实力差的企业，其保证诚信的能力就会大打折扣，因此，企业在寻找合作商时，必须衡量其财务实力。其次，生产技术和产品质量等最终目的都指向提供优良的产品质量和服务。技术与生产能力是保证企业诚信的重要能力，也是企业寻找诚信合作商的重要指标。最后，在寻找合作商过程中，企业更愿意同与自己具有某些共同特质或拥有更多资源的企业合作，这一方法可以在一定程度上弥补信息的不足和不对称，保证合作企业的信用程度。因此，合作潜力也是企业寻找诚信合作商的重要手段。本研究据此做出假设 4 如下。

H_4：企业硬实力与合作商企业诚信显著呈正相关。

本研究从财务实力、合作潜力和技术与生产能力衡量企业的硬实力。财务实力是指合作企业的财务状况和经营能力等财务基本状况，包含 q8~q11，主要从盈利能力、营运能力、偿债能力和变现速度进行测量。合作潜力是指合作企业具有的特殊的合作优势，包含 q20~q25，主要从文化背景、地缘背景、社会资本和产品市场占有率等进行衡量。技术与生产能力指企业具有的生产能力，主要从生产技术完善、生产设备和产品质量进行衡量，包含 q12~q15。

（5）一个企业对社会做出的贡献越大，说明其拥有更高的企业品质，更会保证自身诚信。因此，企业贡献也是企业寻找合作商的重要标准。优良的企业文化必定具有诚信品质；而管理制度完善、执行力强的企业，更有保证诚信的能力。因此，文化制度也是企业寻找合作商的重要指标。以上特点都可归纳为企业具有的诚信品质和个性特征，或者可称之为"软实力"。本研究据此做出假设 5 如下。

H_5：企业文化软实力与合作商企业诚信显著呈正相关。

研究主要从企业责任与声誉和文化与制度完善对企业软实力进行衡量，企业责任与声誉是指企业主动担任自身社会责任以及企业具有的社会声誉，包含 q30~q32，主要从社会声誉、社会责任和企业品牌进行衡量。文化与制度完善是指企业的企业文化和制度完善情况，包含 q16~q19，主要从企业是否上市、管理制度、执行力、厂容厂貌和企业文化进行测量。

（二）信度分析

信度检验考虑的是测量结果的真实性或一致性，也就是相同一项测量重复进行多次，各次测量结果的一致性。一致性的程度越高说明测量的结果越可靠。在统计学科中，信度的测量有很多种方法，其中最常用的是克朗巴哈系数，本研究采用的检验方法即是克朗巴哈系数。具体检验结果见表 7-9。

表 7-9　信度系数表

变量	题项	项已删除的 Cronbach's Alpha 值	Cronbach's Alpha 值
过往交易	q1	0.594	0.769
	q2	0.674	
	q3	0.590	
人员素质	q4	0.961	0.962
	q5	0.946	
	q6	0.945	
	q7	0.947	
财务状况	q8	0.776	0.898
	q9	0.787	
	q10	0.799	
	q11	0.773	
技术与生产能力	q12	0.915	0.808
	q13	0.650	
	q14	0.658	
	q15	0.673	
文化与制度完善	q16	0.926	0.833
	q17	0.721	
	q18	0.738	
	q19	0.734	
合作潜力	q20	0.882	0.900
	q21	0.873	
	q22	0.908	
	q23	0.876	
	q24	0.870	
	q25	0.881	

续表

变量	题项	项已删除的 Cronbach's Alpha 值	Cronbach's Alpha 值
外部环境约束	q26	0.790	0.856
	q27	0.867	
	q28	0.791	
	q29	0.823	
企业责任与声誉	q30	0.944	0.950
	q31	0.902	
	q32	0.933	
企业外部诚信	q33	0.944	0.925
	q34	0.886	
	q35	0.888	
	q36	0.895	
企业内部诚信	q37	0.872	0.892
	q38	0.833	
	q39	0.873	
	q40	0.866	

根据数理统计学理论，Cronbach's Alpha 系数小于 0.3 视为数据不可信，介于 0.3~0.4 之间认为数据勉强可信，介于 0.4~0.5 之间认为数据一般可信，介于 0.5~0.7 之间认为数据常见可信，介于 0.7~0.9 之间认为数据很可信，在 0.9 以上认为数据非常可信。根据表 7-9 数据可以看出本次问卷的调查结果中，量表总的 Cronbach's Alpha 系数达到了 0.884，各个变量的 Cronbach's Alpha 系数都大于 0.7，都为常见可信。通过分析，本次问卷的信度较好。

（三）效度分析

效度就是问卷的有效程度，是指得到的测量结果反映所要研究内容的程度。一般可分逻辑效度和结构效度。逻辑效度指的是所设计的问项对测量内容的反映程度。本研究所设计的问项是经过阅读大量相关文献以及已有的比较成熟的量表而设计的，之后又对初次设计的问卷进行了预调查，并且在相关研究者的建议下进行了完善。所以，本研究所设计的问卷量表具有良好的逻辑效度。构效度指的是设计的问项对被研究的理论概念的反映程度，本研究采用因子分析的方法测量结构效度。具体见表 7-10~ 表 7-13。

1. 自变量效度分析

表 7-10　KMO 和 Bartlett 的检验

取样足够度的 Kaiser-Meyer-Olkin 度量		0.910
Bartlett 的球形度检验	近似卡方	5 054.954
	df	496
	Sig.	0. 000

表 7-11　旋转成分矩阵

题项	成分				
	1	2	3	4	5
q21	0.8				
q23	0.754				
q20	0.752				
q24	0.727				
q25	0.704				
q12	0.703				
q13	0.691				
q10	0.644				
q8	0.637				
q9	0.57				
q22	0.563				
q14	0.548				
q11	0.536				
q15	0.506				
q31		0.88			
q30		0.857			
q19		0.857			
q32		0.845			

续表

题项	成分				
	1	2	3	4	5
q18		0.808			
q17		0.808			
q16		0.703			
q26			0.82		
q28			0.799		
q27			0.784		
q29			0.677		
q5				0.857	
q4				0.694	
q6				0.649	
q7				0.61	
q2					0.862
q3					0.733
q1					0.691

提取方法：主成分分析法。旋转法：具有 Kaiser 标准化的正交旋转法。a. 旋转在 9 次迭代后收敛。

由表 7-10 可知，KMO 值为 0.910，大于 0.7，Sig 值为 0.000，小于 0.05，说明适合做下一步的因子分析；由表 7-11 可知，各维度因子载荷系数均大于 0.5，问卷具有较好的效度。自变量一共分为 5 个因子，分别为过往交易、人员素质、外部环境约束、企业硬实力、企业文化软实力。

2. 因变量效度分析

表 7-12　相关构念的 KMO 和 Bartlett 的检验

取样足够度的 Kaiser-Meyer-Olkin 度量		0.774
Bartlett 的球形度检验	近似卡方	398.541
	df	6
	Sig.	0.000

表 7-13 成分矩阵

题项	成分
	1
Y2	0.902
Y1	0.852
Y4	0.826
Y3	0.803

由表 7-12 可知，KMO 值为 0.774，大于 0.7，Sig 值为 0.000，小于 0.05，说明适合做下一步的因子分析；由表 7-13 可知，各维度因子载荷系数均大于 0.5，问卷具有较好的效度。因变量为 1 个因子，即合作商企业诚信。

（四）相关性分析

相关性分析是指探究随机变量之间线性相关性的一种数理方法，其主要指标为相关系数，相关系数越大，说明变量间的相关性越强；系数越小，则其相关性越弱。本文采用的是 Pearson 系数，根据统计学意义 R 值在 0.3 之下说明相关性较弱，0.3~0.7 之间说明具有相关性，0.7~1.0 之间说明具有较强的相关性，结果见表 7-14。

表 7-14 相关系数表

		X1	X2	X3	X4	X5	Ya
X1	Pearson 相关性	1	0.165*	0.072	0.433**	0.455**	0.529**
	N	195	195	195	195	195	195
X2	Pearson 相关性	0.165*	1	0.678**	0.144*	0.407**	0.145*
	N	195	195	195	195	195	195
X3	Pearson 相关性	0.072	0.678**	1	0.094	0.348**	0.02
	N	195	195	195	195	195	195
X4	Pearson 相关性	0.433**	0.144*	0.094	1	0.602**	0.540**
	N	195	195	195	195	195	195
X5	Pearson 相关性	0.455**	0.407**	0.348**	0.602**	1	0.469**
	N	195	195	195	195	195	195
Ya	Pearson 相关性	0.529**	0.145*	0.02	0.540**	0.469**	1
	N	195	195	195	195	195	195

*. 在 0.05 水平（双侧）上显著相关。
**. 在 0.01 水平（双侧）上显著相关。

由表 7-14 可知，过往交易、外部环境约束以及财务能力和合作商企业诚信在 0.01 的水平上显著相关，人员素质和合作商企业诚信在 0.05 的水平上显著相关，企业文化与合作商企业诚信不具有显著的相关性。

由以上结果可以分析出，企业的外部诚信与企业的过往交易、外部环境约束以及企业的发展潜力具有明显的正相关性，与企业文化无明显的相关性。这说明当前背景下我国企业在选择合作商时看重企业以往的交易情况以及企业的硬实力，不太看重企业的文化制度的建设。

（五）研究结论

本研究首先从选择合作商企业的角度出发，深入分析过往交易、企业硬实力、企业文化软实力、人员素质、企业外部环境约束等因素与合作商企业诚信的关系，具体分析见表7-15。

表7-15 结论总结

序号	假设	结果
H_1	过往交易与合作商企业诚信显著呈正相关	成立
H_2	人员素质与合作商企业诚信显著呈正相关	成立
H_3	外部环境约束与合作商企业诚信显著呈正相关	成立
H_4	企业硬实力与合作商企业诚信显著呈正相关	成立
H_5	企业文化软实力与合作商企业诚信显著呈正相关	不成立

具体结论如下。

（一）过往交易与合作商企业诚信具有显著的正向相关性

本研究通过理论分析和实证研究发现，企业的过往交易对企业诚信具有促进作用。过往交易包括过往交易评价和相关企业满意度，企业在选择合作商时，首先会考虑到合作商企业以往的一些交易情况，这是他们判断合作商企业好坏的必要条件。因此，过往交易对企业选择合作商的作用越加重要。

（二）企业硬实力与合作商企业诚信具有显著的正向相关性

本研究通过理论分析和实证研究发现，企业的硬实力对企业诚信具有促进作用。企业的硬实力包括企业的财务状况、技术与生产能力以及合作潜力。其中财务状况包括偿债能力、盈利能力、营运能力以及变现速度。技术与生产能力包括盈利企业当前的制造设备和能力、产品质量、产品生产速度、技术研发能力和速度。合作潜力包枯社会资本、主要产品市场占有率、市场灵敏度、维护顾客利益和政策优惠。以上指标都决定着企业的硬实力，一个拥有雄厚的硬实力的企业能让合作者认为其有足够实力去完成合作内容，即该企业是诚信的。

（三）企业文化软实力与合作商企业诚信不具有显著的正向相关性

本文通过理论分析和实证研究发现，企业文化软实力与企业诚信不存在显著的相关性。企业文化软实力包括企业责任和声誉、企业文化制度，这些因素对于合作者来说都是比较空泛的概念，他们不会通过企业的一种空泛的概念去片面评价一个企业是否诚信。因此，企业文化软实力对企业诚信没有显著的促进作用。

（四）企业的人员素质与合作商企业诚信具有显著的正向相关性

本文通过理论分析和实证研究发现，企业的人员素质对企业诚信具有促进作用。人员素质包括领导人素质、员工素质、员工培训情况、岗位匹配度，如果一个企业领导人、员工的素质越高，那么该企业的可信度就越高，该企业就越有能力完成约定工作，企业也就越诚信。

（五）外部环境约束与合作商企业诚信具有显著的正向相关性

本书通过理论分析和实证研究发现，外部环境约束对企业诚信具有促进作用。外部环境包括媒体监督、政府监督、社会组织监督、人才市场监督以及法律约束。不管是何种企业，它们都不可能不受社会各界的监督以及法律的约束。因而，在这种约束条件下，企业尽量避免不诚信的行为。

三、合作商诚信评价体系

根据以上实证研究，拟做以下合作商诚信评价体系，如图 7-3 所示。

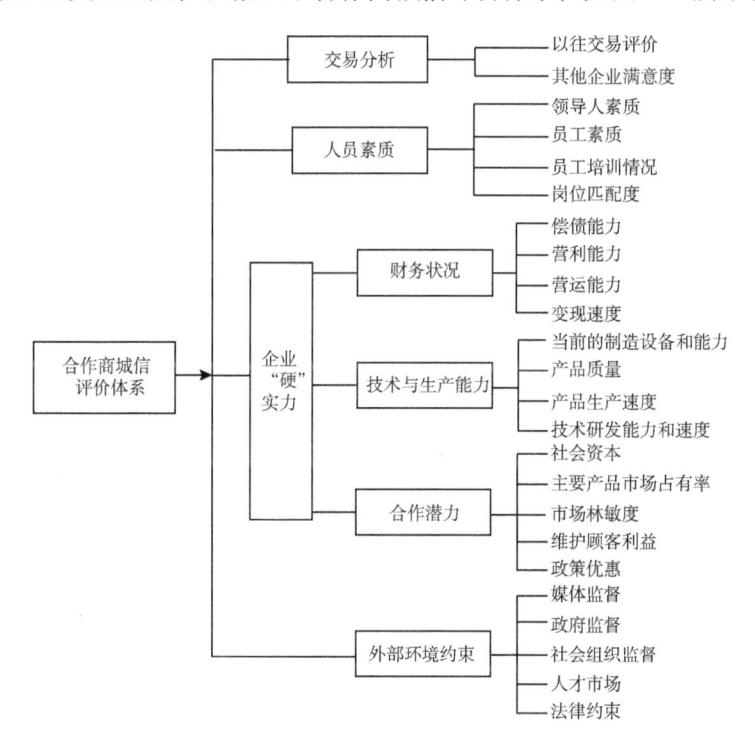

图 7-3　合作商诚信评价体系

第三节　诚信领导对员工创新绩效的影响研究——以领导—成员交换为中介[①]

领导者作为企业的核心，是企业最直接的负责人，也是员工工作的指引者。领导者的诚信问题直接影响着企业的整体诚信，这使得诚信领导理论成为新的研究热点。近年来，随着我国不少公司被曝出诚信丑闻，置疑或声讨不法或不诚信企业领导人的声音从未间断。但我国对诚信领导理论的研究还处于起步阶段，国内学者大多停留在对国外理论的整理和总结，对于诚信领导的作用效果的实证研究不多，诚信领导的内容结构和衡量维度尚未统一，对诚信领导影响员工（创新）绩效的研究就更少。而创新是企业生生不息发展的动力所在，诚信领导对于企业的创新精神的培养至关重要。那么诚信领导对员工的创新业绩贡献究竟有多大？这正是本文研究的目标。

在企业激烈的竞争环境中，创新越来越成为企业的核心竞争力，企业创新成为管理者关注的主要问题。员工创新是企业创新的一个重要因素，员工创新是企业创新的基础和重点，员工创新能够推动整个企业创新。同时，领导者作为企业的领路人，其作用尤为重要，一个优秀的领导者可以将企业带入更好的发展中。而领导者的领导风格一定程度体现了领导者的个人能力，也影响着对下属实施领导的效果，所以在企业创新的过程中，领导者的领导风格可能起到了重要的作用。良好的领导和员工关系有助于企业的管理工作，当领导更愿意为员工提供尽可能多的工作资源时，员工会对企业更加忠诚，进而工作积极性更高、工作潜力发挥更充分，员工创新行为产生的可能性更大。诚信领导的产生是通过领导与员工进行互动形成一种交互氛围，促使领导者与员工之间产生信任关系，这种信任关系会从多个方面改善员工的创新行为。

领导—成员交换包括圈内人和圈外人两种类型，高质量的领导—成员交换关系会使领导与员工形成圈内人的关系，领导给予员工更多的支持，员工也会信任自己的领导，并且员工会通过积极主动地工作作为回报；而低质量的领导—成员交换关系则是圈外人的关系，领导与员工仅保持正式的工作关系，相互间缺少信任及情感的交流互动。领导—成员交换与诚信领导之间有着紧密联系。诚信领

[①] 刘盼.诚信领导对员工创新绩效的影响研究——以领导—成员交换为中介[D].桂林：广西师范大学，2019.

导注重与员工之间的沟通互动，给予员工更加和谐的工作环境，并对其工作提供支持，从这一特点可见，诚信领导更容易与员工建立高质量的领导—成员交换关系。

本部分将以诚信领导作为自变量，员工创新绩效作为因变量，并以领导—成员交换作为中介变量，探究三者之间的关系及其作用机制。本文在文献综述的基础上提出研究框架及研究假设，通过问卷调查收集数据，并利用SPSS19.0软件进行实证研究来检验这一研究假设。

一、研究模型

查阅已有文献发现，大多数研究者认为领导风格对下属的行为有重大影响。其中对诚信领导的因变量进行研究后发现，诚信领导能够影响下属的行为，但诚信领导各维度的影响效果不相同。诚信领导是指领导者不会受到社会舆论压力的影响，不会以主观臆断的方式做出决定，而是根据自己的道德认知和标准做出决定，用自己的道德观增强员工的信任与认可，并且避免发生冲突。诚信领导主要包括下属导向、内化道德观、领导特质、诚实不欺四个维度，一般靠认同感等心理效用影响员工。如诚信领导者表现自身诚实不欺等积极品质，从而影响员工对领导产生更好的认同感，进一步影响员工自身的行为。

而领导—成员关系是对领导与员工关系的递进式研究。品质良好的领导者会通过在日常工作中对员工产生正向影响，使得员工增加对其的信任度，通过情感的转移可以加强领导—成员交换的关系。领导—成员关系可分为情感、贡献和专业尊敬三个维度。由于员工对领导有了高度的认同感，两者之间可以建立起高质量的领导—成员关系，员工就成为圈子内的成员，从而进一步增强其工作的积极性和主动性，否则员工工作积极性不高。

员工创新绩效是指员工在工作中提出的新颖想法或成果，并且能够运用到工作中以提升自己或组织的绩效，主要包括创新行动和创新效果两个维度。已有部分学者对领导—成员关系对员工创造力的影响进行研究，从理论和部分实证方面分析了领导—成员关系对员工创造力的影响。本书将诚信领导作为自变量，将领导—成员关系作为中介变量，进一步研究诚信领导对员工创新绩效的效果。据此提出理论模型，如图7-4所示。

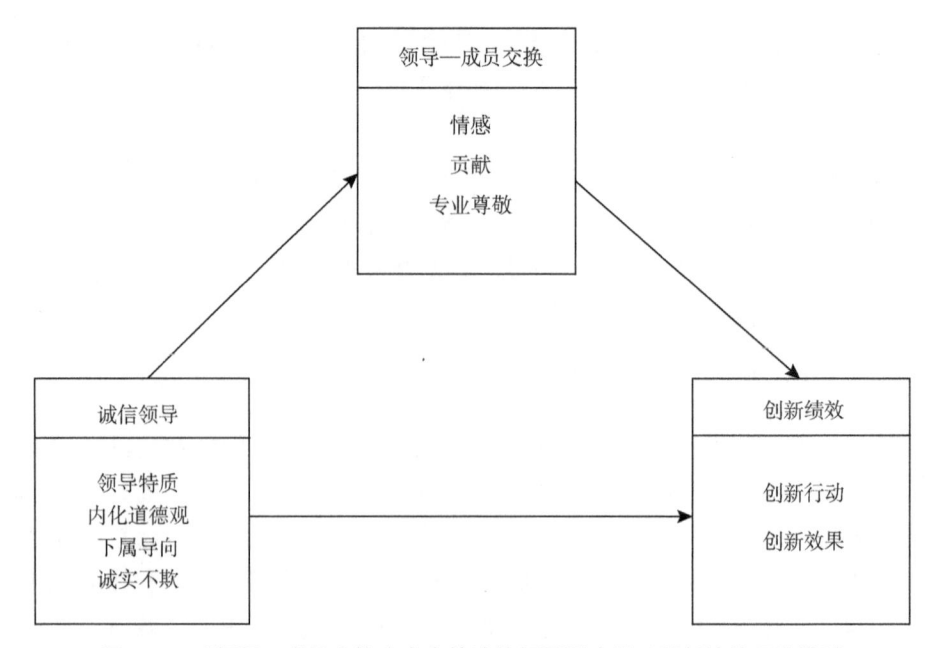

图 7-4　以领导—成员交换为中介的诚信领导影响员工创新绩效理论模型

二、研究假设

（一）诚信领导与员工创新绩效的关系及假设

目前有不少学者对领导行为和员工创新绩效进行研究，但鲜有学者研究诚信领导对员工创新绩效的作用。已有研究表明，优质的领导行为有利于改善员工在组织中的表现，可以促进领导与员工间的交流、加强领导与员工之间的联系和情感，使领导与员工在组织内部形成和谐的关系。诚信领导作为一种重要的领导风格，目前没有研究证明诚信领导与员工创新绩效有实际影响关系，但已经有学者对诚信领导与员工创造力进行研究，证明诚信领导的特征影响员工的创造力水平。借鉴已有的研究成果，本研究认为诚信领导可以正向影响员工创新绩效，故提出以下假设 H_1。

假设 H_1：诚信领导各个维度对员工创新绩效具有正向影响。

假设 H_{1a}：下属导向维度对员工创新绩效具有正向影响。

假设 H_{1b}：内化道德观维度对员工创新绩效具有正向影响。

假设 H_{1c}：领导特质维度对员工创新绩效具有正向影响。

假设 H_{1d}：诚实不欺维度对员工创新绩效具有正向影响。

（二）诚信领导与领导—成员交换的关系及假设

由于领导—成员交换可以将领导者、被领导者等因素都加入领导者的影响因素当中，因此在对领导风格的研究当中，学者们也将领导—成员交换作为一个变量单独展开研究。同时，关于领导—成员交换影响因素的研究中，学者们发现，领导者的行为差异对于领导—成员交换质量的高低发挥着重要作用。基于此，本研究认为诚信领导对领导—成员交换各维度具有正向影响，故提出以下假设 H_2。

假设 H_2：诚信领导对领导—成员交换各维度具有正向影响。

假设 H_{2a}：诚信领导对员工的贡献维度具有正向影响。

假设 H_{2b}：诚信领导对员工的情感维度具有正向影响。

假设 H_{2c}：诚信领导对员工的专业尊敬维度具有正向影响。

（三）领导—成员交换与员工创新绩效的关系及假设

领导者是公司的负责人，也是员工工作的监督者，领导者与员工之间的关系是影响员工绩效的重要因素。当领导和员工之间形成高质量的领导—成员交换关系后，员工将会在工作中有着责任感和使命感，从而产生更多自发性的积极行为来回报企业。同时，良好的领导和员工关系有助于企业的管理工作，领导更愿意为员工提供尽可能多的工作资源，从而使得员工对企业更加忠诚，进一步调动员工的工作积极性和工作潜力，促进员工的创新行为。因此，本研究认为领导—成员交换对员工创新绩效具有正向影响，故提出以下假设 H_3。

假设 H_3：领导—成员交换对员工创新绩效具有正向影响。

假设 H_{3a}：情感维度对员工创新绩效具有正向影响。

假设 H_{3b}：贡献维度对员工创新绩效具有正向影响。

假设 H_{3c}：专业尊敬维度对员工创新绩效具有正向影响。

（四）领导—成员交换的中介作用及假设

在领导风格的研究中，由于领导风格一般影响着领导与员工的关系，许多学者会将领导—成员交换作为中介变量，这也是领导—成员交换的概念决定的。领导—成员交换是一种领导与员工关系程度的表达，从而可以理解为两者的中介变量。而诚信领导行为可以使领导与员工建立互相信任的关系，其诚实不欺、刚正不阿、以身作则的领导特质使员工对其产生尊敬和信任，而这些也是领导—成员交换的核心内容。

因此，本研究认为领导—成员交换在诚信领导和员工创新绩效中起中介作用，故提出以下假设 H_4。

假设 H_4：领导—成员交换在诚信领导和员工创新绩效中起中介作用。

假设 H_{4a}：情感维度在诚信领导和员工创新绩效中起中介作用。

假设 H_{4b}：贡献维度在诚信领导和员工创新绩效中起中介作用。

假设 H_{4c}：专业尊敬维度在诚信领导和员工创新绩效中起中介作用。

（五）人口学变量与研究变量的关系及假设

人口统计学变量对个体行为的影响已经得到了众多实证研究证明，本文将研究学历、工龄和性别等人口学变量对诚信领导和员工创新绩效产生的影响，为该理论的实际运用提供帮助。本研究为了进一步检测人口学变量对诚信领导、领导—成员交换、员工创新绩效的影响，提出了如下假设 H_5。

假设 H_5：员工不同的个人属性对于诚信领导、领导—成员交换、员工创新绩效的影响存在显著差异。

研究假设汇总见表 7-16。

表 7-16 研究假设汇总

假设名	假设内容
H_1	H_1：诚信领导各个维度对员工创新绩效具有正向影响
	H_{1a}：下属导向维度对员工创新绩效具有正向影响
	H_{1b}：内化道德观维度对员工创新绩效具有正向影响
	H_{1c}：领导特质维度对员工创新绩效具有正向影响
	H_{1d}：诚实不欺维度对员工创新绩效具有正向影响
H_2	H_2：诚信领导对领导—成员交换各维度具有正向影响
	H_{2a}：诚信领导对员工的贡献维度具有正向影响
	H_{2b}：诚信领导对员工的情感维度具有正向影响
	H_{2c}：诚信领导对员工的专业尊敬维度具有正向影响
H_3	H_3：领导—成员交换对员工创新绩效具有正向影响
	H_{3a}：情感维度对员工创新绩效具有正向影响
	H_{3b}：贡献维度对员工创新绩效具有正向影响
	H_{3c}：专业尊敬维度对员工创新绩效具有正向影响
H_4	H_4：领导—成员交换在诚信领导和员工创新绩效中起中介作用
	H_{4a}：情感维度在诚信领导和员工创新绩效中起中介作用
	H_{4b}：贡献维度在诚信领导和员工创新绩效中起中介作用
	H_{4c}：专业尊敬维度在诚信领导和员工创新绩效中起中介作用
H_5	H_5：员工不同的个人属性对于诚信领导、领导—成员交换、员工创新绩效的影响存在显著差异

三、问卷设计

（一）问卷结构

本研究主要研究诚信领导、领导—成员交换、员工创新绩效三个变量。其中诚信领导较为成熟，并且在许多因变量上得到了证实；而领导—成员交换量表的发展较为复杂，使得该量表的种类较多，研究的因变量也大为不同；同时员工创新绩效的量表也种类繁多，本文根据不同的因变量将选择不同的量表进行测量。因此，将运用使用较多的诚信领导量表、最新的领导—成员交换量表与最适合的员工创新绩效量表进行研究。根据本研究理论假设和研究变量的实际情况进行适当修正，对选出的量表进行李克特量表的尺度衡量，使得答卷者可以更简洁正确地选出答案，从而完成本研究的调查问卷。

（二）变量测量

诚信领导量表。通过对诚信领导的文献综述研究，前文已经对诚信领导的定义和维度进行了总结和梳理。本研究将采用谢衡晓的诚信领导量表，包括下属导向维度（5题）、内化道德观维度（4题）、领导特质维度（4题）和诚实不欺维度（4题），共17题。并在其基础上进行修改，删除和添加了部分题项，使其更符合本研究的内容。使用李克特量表的五点尺度进行测量，将问题设置为1~5的五个选项，分别代表对问题的"完全不赞同"到"完全赞同"。

领导—成员交换量表。通过对领导—成员交换的文献综述研究，本研究选用了通过实证研究的最新的领导—成员交换量表，由秦伟平等提出的领导—成员交换量表，包括情感、贡献、专业尊敬三个维度，共10题进行测量。但由于实际测量的因变量与其不同，故综合了周蕾蕾的领导—成员交换三维度量表，得出本研究的领导—成员交换量表，包括情感、贡献、专业尊敬，共12题进行测量，其中情感维度（4题）、贡献维度（4题）、专业尊敬维度（4题）。使用李克特量表的五点尺度进行测量，将问题设置为1~5的五个选项，分别代表对问题的"完全不赞同"到"完全赞同"。

员工创新绩效量表。该量表主要采用姚艳虹以我国本土企业员工为样本开发的量表，共16题。该量表将员工创新绩效分为两个维度，包括创新行动和创新效果，创新行动是指员工创新想法和实际行动的综合，包括关于创新的新想法，同时也包含为实施这些想法所做的工作或技术；创新效果是指员工从事了创新活动后得到的成果，一般描述为结果变量，同时创新效果除了创新的结果外还包括了对工作成果的运用以及应用效果。但由于研究变量的不同，删除了其中部分专业性问题，最后得出本研究关于创新绩效的二维度量表，共11题进行测量,其中创新行动(5题)、创新效果(6题)。使用李克特量表的五点尺度进行测量,将问题设置为1~5的五个选项,分别代表对问题的"完全不赞同"到"完全赞同"。

四、问卷发放和数据收集

本研究采用问卷星发放电子问卷,选取企业发放纸质问卷,问卷上已经说明调研对象是已工作人群。回收发放的问卷257份,剔除无效问卷13份,有效问卷244份,问卷的有效回收率为94.9%。问卷调查范围较广,主要来自广西、上海、江西等地的在职员工。样本的基本信息见表7–17。

表7–17 样本统计信息

名称	选项	频数	百分比/%
1. 您所在公司属于	国企	86	35.24
	外资或合资企业	20	8.20
	私营或个人企业	64	26.23
	政府单位或事业单位	28	11.48
	其他	46	18.85
2. 性别	男	110	45.08
	女	134	54.92
3. 婚姻	单身	120	49.2
	已婚	124	50.8
4. 学历	专科及以下	106	43.44
	本科	94	38.52
	硕士及以上	44	18.03
5. 您的年龄	20岁以下	2	0.82
	21~30岁	112	45.90
	31~40岁	44	18.03
	41~50岁	60	24.59
	50岁以上	26	10.66

续表

名称	选项	频数	百分比 /%
6. 您目前的工龄	1 年以下	66	27.05
	1~3 年	42	17.21
	3~5 年	30	12.30
	5~10 年	22	9.02
	10 年以上	84	34.43
合计		244	100

从表 7-17 样本的个人信息可以看出：

（1）所在公司：国企人数为 86 人，占总人数 35.25%；外资或合资企业人数 20 人，占总人数 8.2%；私营或个人企业人数 64 人，占总人数 26.23%；政府单位或事业单位人数 28 人，占总人数 11.48%；其他企业人数 46 人，占总人数 18.85%。受访者的工作企业类型较为丰富，基本满足了社会上的各类企业。

（2）婚姻状况：回收的问卷中，已婚的人数为 124 人，占总人数的 50.8%，单身的人数有 120 人，占总人数的 49.2%。单身和已婚人数大致一样。

（3）性别：回收的问卷中，女性有 134 人，占总人数的 54.92%；男性有 110 人，占总人数的 45.08%。两者数量相似，女性受访者略多。

（4）学历状况：回收的问卷中，专科及以下学历人数为 106 人，占总人数的 43.44%；本科学历人数为 94 人，占总人数的 38.52%；硕士及以上学历人数为 44 人，占总人数的 18.03%。专科及以下学历的人数最多，研究生及以上学历的人数最少，这也较符合企业员工学历的实际情况。

（5）工龄：工作 1 年以内人数为 66 人，占总人数 27.05%；1~3 年人数为 42 人，占总人数 17.21%；3~5 年人数为 30 人，占总人数 12.30%；5~10 年人数为 22 人，占总人数 9.02%；10 年以上人数为 84 人，占总人数 34.43%。数据显示，工作时间的分布较为平均，这更适合研究各工作年限的员工。

（6）年龄：20 岁以下人数为 2 人，占总人数 0.82%；21~30 岁人数为 112 人，占总人数 45.9%；31~40 岁人数为 44 人，占总人数 18.03%；41~50 岁人数为 60 人，占总人数 24.59%；50 岁以上人数为 26 人，占总人数 10.66%。21~30 岁人数最多，20 岁以下人数最少，调查者大多分布在 21~30 岁，这也是符合企业员工年龄的实际情况的。

由表 7-17 样本统计信息可以看出，本次有效问卷调查对象在性别、婚姻状况、所在公司性质的分布较为均匀,而学历主要集中在专科、本科,工龄分布在 3 年以内和 10 年以上。问卷数据基本符合要调查的市场人群,问卷的基本数据结果较为科学。

五、实证分析

(一)描述性分析

描述性分析主要是在对收集到的数据进行分析的基础上,获得一种能够反映客观现象的各种定量特征的分析方法。通常假设样本所属总体的分布为正态分布,因此需要偏度指标和峰度指标,这两个指标用于检验样本数据是否为正态分布。本研究采用 SPSS19.0 对采集到的数据进行描述性分析。本文中包含的变量有诚信领导、领导—成员交换、员工创新绩效三个部分,其中题目 Q7~Q23 测量诚信领导维度;题目 Q24~Q35 测量领导—成员交换维度;题目 Q36~Q46 测量员工创新绩效维度。描述性统计具体见表 7-18。

表 7-18 问卷描述性统计

维度	题项	N 统计量	均值 统计量	标准差 统计量	方差 统计量	偏度 统计量	偏度 标准差	峰度 统计量	峰度 标准差
下属导向	Q7	244	3.57	0.927	0.859	-0.796	0.219	0.520	0.435
	Q8	244	3.67	0.966	0.933	-1.032	0.219	0.902	0.435
	Q9	244	3.37	1.006	1.012	-0.748	0.219	0.102	0.435
	Q10	244	3.30	0.993	0.987	-0.727	0.219	0.126	0.435
	Q11	244	3.48	0.998	0.996	-0.893	0.219	0.372	0.435
内化道德观	Q12	244	3.76	0.824	0.679	-1.606	0.219	3.624	0.435
	Q13	244	3.54	0.892	0.796	-1.013	0.219	1.445	0.435
	Q14	244	3.66	0.809	0.655	-1.213	0.219	2.413	0.435
	Q15	244	3.75	0.903	0.815	-0.998	0.219	1.104	0.435
领导特质	Q16	244	3.59	0.943	0.888	-0.957	0.219	0.794	0.435
	Q17	244	3.60	0.959	0.920	-1.114	0.219	0.989	0.435
	Q18	244	3.58	0.961	0.923	-0.834	0.219	0.563	0.435
	Q19	244	3.52	0.920	0.847	-1.019	0.219	1.304	0.435

续表

维度	题项	N	均值	标准差	方差	偏度		峰度	
		统计量	统计量	统计量	统计量	统计量	标准差	统计量	标准差
诚实不欺	Q20	244	3.68	0.956	0.913	−1.107	0.219	1.076	0.435
	Q21	244	3.64	0.945	0.894	−1.007	0.219	0.963	0.435
	Q22	244	3.48	0.955	0.913	−0.993	0.219	0.766	0.435
	Q23	244	3.50	1.006	1.012	−0.940	0.219	0.564	0.435
情感	Q24	244	3.55	1.045	1.093	−0.905	0.219	0.394	0.435
	Q25	244	3.52	1.014	1.029	−1.036	0.219	0.559	0.435
	Q26	244	3.30	1.105	1.221	−0.628	0.219	−0.242	0.435
	Q27	244	3.48	1.070	1.144	−0.965	0.219	0.423	0.435
贡献	Q28	244	3.36	1.106	1.224	−0.720	0.219	−0.099	0.435
	Q29	244	3.34	1.088	1.184	−0.509	0.219	−0.353	0.435
	Q30	244	3.34	1.082	1.170	−0.645	0.219	−0.211	0.435
	Q31	244	3.75	0.912	0.832	−1.218	0.219	1.883	0.435
专业尊敬	Q32	244	3.66	0.933	0.870	−1.267	0.219	1.630	0.435
	Q33	244	3.57	0.995	0.990	−1.051	0.219	0.759	0.435
	Q34	244	3.64	0.988	0.976	−1.206	0.219	1.371	0.435
	Q35	244	3.64	0.996	0.993	−1.209	0.219	1.285	0.435
创新行动	Q36	244	3.86	0.672	0.451	−0.826	0.219	2.461	0.435
	Q37	244	3.89	0.702	0.493	−0.870	0.219	2.279	0.435
	Q38	244	3.80	0.746	0.556	−0.757	0.219	2.059	0.435
	Q39	244	3.79	0.707	0.500	−0.527	0.219	1.320	0.435
	Q40	244	3.68	0.763	0.583	−0.630	0.219	1.418	0.435

续表

维度	题项	N	均值	标准差	方差	偏度		峰度	
		统计量	统计量	统计量	统计量	统计量	标准差	统计量	标准差
创新效果	Q41	244	3.62	0.796	0.634	−0.412	0.219	0.317	0.435
	Q42	244	3.61	0.734	0.538	−0.249	0.219	0.588	0.435
	Q43	244	3.57	0.760	0.577	−0.254	0.219	0.398	0.435
	Q44	244	3.58	0.811	0.659	−0.600	0.219	1.208	0.435
	Q45	244	3.68	0.816	0.666	−0.739	0.219	1.497	0.435
	Q46	244	3.70	0.810	0.656	−0.547	0.219	1.420	0.435
	有效的 N	244							

通过描述性分析表明，本数据偏度绝对值大多在 1 以下，少部分绝对值达到了 1，所有偏度绝对值小于 2；所有峰度绝对值均小于 4。由分析结果可知，收集的数据是符合正态分布的，可以进行下一步的实证分析。

（二）信度分析

信度和效度分析是检验问卷合格性的第一步，最常用的信度分析系数是 Cronbach's Alpha 信度系数，主要用来衡量项目之间的内部一致性。测量结果见表 7-19。

表 7-19 信度分析结果

变量	维度	题目	α
诚信领导	下属导向	5	0.871
	内化道德观	4	0.848
	领导特质	4	0.908
	诚实不欺	4	0.839
领导—成员交换	情感	4	0.805
	贡献	4	0.766
	专业尊敬	4	0.823
员工创新绩效	创新行动	5	0.685
	创新效果	6	0.759

从表 7-19 中可以看出，创新行动的 α 值为 $0.685 > 0.65$，其他维度的 Cronbach's Alpha 值均大于 0.7，各个量表的信度均可以接受。因此，问卷的信度结果符合要求，可以进一步进行效度分析。

（三）效度分析

效度分析采用因子分析的方法对问卷进行测量，并通过累积贡献率、共同度和结果中的因子载荷来分析结果的有效性。首先，对量表进行 KMO 和 Bartlett 球形试验，如果得到的值大于或等于标准值，则可以在量表上进行因子分析。

1. 诚信领导量表效度分析

对诚信领导量表的 17 个项目进行 KMO 和 Bartlett 球形度检验，KMO 指标值为 0.909，该指标值大于 0.9，说明该量表非常适合做因子分析；Bartlett 检验看出近似卡方值是 2 188.817，其概率 P 值小于 0.05，而且显著性概率是 $0.000 < 0.001$，拒绝了球形假设，进一步说明该量表适合做因子分析。具体的检验结果见表 7-20。

表 7-20　诚信领导量表的 KMO 和 Bartlett 的检验

取样足够度的 Kaiser-Meyer-Olkin 度量		0.909
Bartlett 的球形度检验	近似卡方	2 188.817
	df	153
	Sig.	0.000

用正交法对诚信领导量表进行因子旋转提取 4 个因子，旋转后得到相应因子载荷矩阵，见表 7-21。从表 7-21 中可以看出，诚信领导量表的 4 个因子的因子载荷都在 0.6 以上，说明测量项目设计较好。4 个因子分别命名为下属导向、内化道德观、领导特质和诚实不欺。累计方差解释为 67.46%，说明诚信领导量表具有较好的因子分析提取结果。

表 7-21　诚信领导量表的因子载荷矩阵

维度	题项	公因子			
		因子 1	因子 2	因子 3	因子 4
下属导向	Q7	0.619	0.664	0.065	0.153
	Q8	0.649	0.569	0.172	0.313
	Q9	0.768	0.222	0.265	0.253
	Q10	0.746	0.205	0.227	0.393
	Q11	0.661	0.395	0.28	0.322

续表

维度	题项	公因子			
		因子1	因子2	因子3	因子4
内化道德观	Q12	0.503	0.634	0.242	0.219
	Q13	0.486	0.615	0.391	0.157
	Q14	0.197	0.642	0.54	0.075
	Q15	0.154	0.762	0.411	0.204
领导特质	Q16	0.293	0.344	0.735	0.263
	Q17	0.222	0.266	0.74	0.397
	Q18	0.326	0.21	0.746	0.309
	Q19	0.442	0.056	0.653	0.427
诚实不欺	Q20	0.194	0.622	0.3	0.659
	Q21	0.219	0.689	0.307	0.637
	Q22	0.327	0.378	0.306	0.735
	Q23	0.261	0.435	0.299	0.699

2. 领导—成员交换量表效度分析

本研究引用了秦伟平（2016）的领导—成员交换三维度量表，但在其基础上综合了周蕾蕾（2010）的领导—成员交换思维量表，得出了12个项目。本文将对该量表进行效度分析，研究其是否可用。将量表的三个维度进行KMO检验和Bartlett的球形度检验，得出KMO指标值为0.837 4，其值在0.8以上，说明该量表非常适合做因子分析。巴特利球形度检验可以看出近似卡方值是1 649.359，其概率P值< 0.05，并且显著性概率是$0.000 < 0.001$，拒绝了球形假设，进一步说明该量表适合做因子分析。具体检验结果见表7-22。

表7-22 领导—成员交换量表KMO和Bartlett的检验

取样足够度的Kaiser-Meyer-Olkin度量		0.837 4
Bartlett的球形度检验	近似卡方	1 649.359
	df	103
	Sig.	0.000

用正交法对领导—成员交换量表进行因子旋转提取 3 个因子，旋转后得到相应因子载荷矩阵，见表 7-23。从表 7-23 中得出，假设分析题项为 12 题，分为 3 个因子；因子与题项交叉共得到 36 个因子载荷，针对每个分析项的对应行，领导—成员交换的分析项的因子载荷都在 0.7 以上，说明测量因子的关联性较高。本研究的因子为情感、贡献、专业尊敬。累计方差解释为 65.132%，说明领导—成员交换量表的各个维度具有较好的因子分析提取结果。

表 7-23　领导—成员交换量表的因子载荷矩阵

维度	题项	公因子 因子1	公因子 因子2	公因子 因子3
情感	Q24	0.772	0.434	0.3
情感	Q25	0.769	0.476	0.257
情感	Q26	0.741	0.526	0.214
情感	Q27	0.71	0.566	0.238
贡献	Q28	0.586	0.712	0.205
贡献	Q29	0.323	0.821	0.365
贡献	Q30	0.492	0.734	0.242
贡献	Q31	0.317	0.892	0.312
专业尊敬	Q32	0.275	0.288	0.831
专业尊敬	Q33	0.176	0.431	0.78
专业尊敬	Q34	0.266	0.402	0.783
专业尊敬	Q35	0.239	0.514	0.741

3. 员工创新绩效量表效度分析

本研究使用了姚艳虹（2013）开发的二维量表，该量表以我国本土企业员工为样本，设计两个维度进行测量，包括创新行动和创新效果，共 16 题。但由于研究变量的不同，本文删除了其中部分专业性问题，最后得出本文关于创新绩效的二维度量表，共 11 题进行测量，其中创新行动 5 题、创新效果 6 题。本文将量表的两个维度进行 KMO 检验和 Bartlett 的球形度检验，得出 KMO 指标值为 0.916，其值在 0.9 以上，说明该量表非常适合做因子分析。Bartlett 检验可以看出近似卡方值是 1 306.924，其概率 P 值 < 0.05，并且显著性概率是 0.000 < 0.001，

拒绝了球形假设，进一步说明该量表适合做因子分析。具体的检验结果见表 7-24。

表 7-24　员工创新绩效量表 KMO 和 Bartlett 的检验

取样足够度的 Kaiser-Meyer-Olkin 度量		0.916
Bartlett 的球形度检验	近似卡方	1 306.924
	df	55
	Sig.	0.000

用正交法对员工创新绩效量表进行因子旋转提取两个因子，旋转后得到相应因子载荷矩阵，见表 7-25。从表 7-25 中得出，假设分析题项为 11 题，分为两个因子；因子与题项交叉共得到 22 个因子载荷，针对每个分析项的对应行，员工创新绩效的分析项的因子载荷都在 0.6 以上，说明测量因子的关联性较高。本研究的因子命名和理论假设的一样，两个因子分别命名为创新行动和创新效果。累计方差解释为 71.743%，说明员工创新绩效量表具有较好的因子分析提取结果。

表 7-25　员工创新绩效量表的因子载荷矩阵

维度	题项	公因子	
		因子 1	因子 2
创新行动	Q36	0.853	0.234
	Q37	0.777	0.323
	Q38	0.866	0.325
	Q39	0.84	0.314
	Q40	0.669	0.528
创新效果	Q41	0.573	0.607
	Q42	0.55	0.694
	Q43	0.564	0.674
	Q44	0.349	0.851
	Q45	0.276	0.859
	Q46	0.219	0.897

（四）相关分析

相关分析是研究两个变量之间相关性的统计分析方法。本文之前验证了量表服从正态分布，现在可以分析变量之间的相关性，并通过Pearson分析验证自变量、中间变量和因变量之间是否存在相关性。分析结果见表7-26。

表7-26 诚信领导、领导—成员交换、员工创新绩效之间的相关分析

维度	下属导向	内化道德观	领导特质	诚实不欺	情感	贡献	专业尊敬	创新行动	创新效果
下属导向	1								
内化道德观	0.857**	1							
领导特质	0.743**	0.762**	1						
诚实不欺	0.775**	0.800**	0.777**	1					
情感	0.752**	0.708**	0.757**	0.842**	1				
贡献	0.707**	0.684**	0.707**	0.805**	0.885**	1			
专业尊敬	0.717**	0.741**	0.750**	0.830**	0.894**	0.859**	1		
创新行动	0.534**	0.547**	0.557**	0.600**	0.576**	0.604**	0.568**	1	
创新效果	0.590**	0.588**	0.611**	0.610**	0.681**	0.726**	0.675**	0.773**	1
平均值	3.477	3.68	3.572	3.576	3.461	3.449	3.629	3.805	3.628
标准差	0.836	0.728	0.835	0.895	0.98	0.935	0.913	0.63	0.69

从表7-26可知，利用相关分析去研究下属导向、内化道德观、领导特质、诚实不欺、情感、贡献、专业尊敬、创新行动和创新效果，共9项之间的相关关系，使用Pearson相关系数去表示相关关系的强弱情况。分析可知：创新行动与下属导向、内化道德观、领导特质、诚实不欺、情感、贡献、专业尊敬共7项之间全部呈现出显著性，相关系数值分别是0.534、0.547、0.557、0.600、0.576、0.604、0.568，并且相关系数值均大于0，意味着创新行动与下属导向、内化道德观、领导特质、诚实不欺、情感、贡献、专业尊敬共7项之间有着正相关关系。同时创新效果与下属导向、内化道德观、领导特质、诚实不欺、情感、贡献、专业尊敬共7项之间全部呈现出显著性，相关系数值分别是0.590、0.588、0.611、0.610、0.681、0.726、0.675，并且相关系数值均大于0，意味着创新效果与下属导向、内化道德观、领导特质、诚实不欺、情感、贡献、专业尊敬共7项之间有

着正相关关系。

（五）回归分析

回归分析通过量化变量之间的依赖程度来研究变量之间的影响程度，本文将采用逐步回归的方法进行研究，依次在回归方程中引入新的变量，剔除回归方程中不显著的解释变量，使最后的解释变量为显著的解释变量。

1. 诚信领导对员工创新绩效的回归分析

以诚信领导的四个维度为自变量，员工创新绩效作为因变量进行逐步回归分析，经过模型自动识别，最终余下领导特质、下属导向、诚实不欺一共三项在模型中，内化道德观维度对员工创新绩效没有回归。由表7-27可知，R平方值为0.421，意味着领导特质、下属导向、诚实不欺可以解释员工创新绩效的42.1%变化原因。而且模型通过F检验（$F=22.957$，$P<0.05$），说明模型有效。另外，针对模型的多重共线性进行检验发现，模型中VIF值均为1.000，意味着不存在共线性问题；并且$D-W$值为1.672，说明模型不存在自相关性，样本数据之间并没有关联关系，模型较好。最终具体分析可知：

表7-27　诚信领导对员工创新绩效的逐步回归

项目	因变量：员工创新绩效				
自变量	标准B	T值	调整后R^2	F值	$D-W$值
下属导向	0.229	2.962	0.421	22.957	1.672
领导特质	0.296	3.823			
诚实不欺	0.479	3.712			

领导特质的回归系数值为0.296（$T=3.823$，$P=0.000<0.01$），可以看出领导特质维度会对员工创新绩效产生显著的正向影响。

下属导向的回归系数值为0.229（$T=2.962$，$P=0.004<0.01$），可以看出下属导向维度会对员工创新绩效产生显著的正向影响。

诚实不欺的回归系数值为0.479（$T=3.712$，$P=0.000<0.01$），可以看出诚实不欺维度会对员工创新绩效产生显著的正向影响。

总结分析可知：领导特质、下属导向、诚实不欺会对员工创新绩效产生显著的正向影响，本研究数据部分支持假设H_1，支持假设H_{1a}、H_{1c}、H_{1d}。

2. 诚信领导对领导—成员交换的回归分析

将诚信领导的各个维度作为自变量，情感维度作为因变量进行逐步回归分析，经过模型自动识别，最终剩下下属导向、内化道德观、领导特质、诚实不欺一共四项在模型中。由表 7-28 可知，R 平方值为 0.474，意味着下属导向、内化道德观、领导特质、诚实不欺可以解释情感的 47.4% 变化原因。而且模型通过 F 检验（$F=15.895$，$P<0.05$），说明模型有效。另外，针对模型的多重共线性进行检验发现，模型中 VIF 值均为 1.000，意味着不存在共线性关系；并且 D-W 值为 1.944，说明模型不存在自相关性，样本数据之间并没有关联关系，模型较好。总结分析可知：诚信领导各个维度都会对情感产生显著的正向影响。

表 7-28 诚信领导对领导—成员交换的回归分析

项目	情感		贡献		专业尊敬	
自变量	标准 B	T 值	标准 B	T 值	标准 B	T 值
下属导向	0.217	2.302	0.233	2.472		
内化道德观	0.382	2.893	0.445	3.452		
领导特质	0.236	2.484	0.536	6.643	0.290	3.422
诚实不欺	0.318	4.591	0.673	7.653	0.636	8.045
整理后 R^2	0.474		0.359		0.136	
F 值	15.895		17.877		24.448	
D-W 值	1.944		2.021		1.707	

将诚信领导的各个维度作为自变量，将贡献维度作为因变量进行逐步回归分析，经过模型自动识别，最终余下下属导向、内化道德观、领导特质、诚实不欺一共四项在模型中。由表 7-28 可知，R 平方值为 0.359，意味着下属导向、内化道德观、领导特质、诚实不欺可以解释贡献的 35.9% 变化原因。而且模型通过 F 检验（$F=17.877$，$P<0.05$），说明模型有效。另外，针对模型的多重共线性进行检验发现，模型中 VIF 值均为 1.000，意味着不存在共线性关系；并且 D-W 值为 2.021，说明模型不存在自相关性，样本数据之间并没有关联关系，模型较好。总结分析可知：诚信领导各个维度会对贡献产生显著的正向影响。

将诚信领导的各个维度作为自变量，将专业尊敬维度作为因变量进行逐步回归分析，经过模型自动识别，最终余下领导特质和诚实不欺一共两项在模型中。由表 7.28 可知，R 平方值为 0.136，意味着下属导向和诚实不欺可以解释专业尊敬的 13.6% 变化原因。而且模型通过 F 检验（$F=24.448$，$P<0.05$），说明模型有效。另外，针对模型的多重共线性进行检验发现，模型中 VIF 值均为 1.000，意味着不存在共线性关系；并且 D-W 值为 1.707，说明模型不存在自相关性，样本数据之间并没有关联关系，模型较好。总结分析可知：领导特质维度和诚实不欺维度会对专业尊敬产生显著的正向影响。

由此可见，诚信领导的部分维度对领导—成员交换具有显著的正向影响。据此，本研究数据支持假设 H_2、H_2a 和 H_2b，支持部分假设 H_2c。

3. 领导—成员交换对员工创新绩效的回归分析

将领导—成员交换的各个维度作为自变量，员工创新绩效作为因变量进行逐步回归分析，经过模型自动识别，最终情感、贡献、专业尊敬一共三项在模型中。由表7-29可知，R 平方值为0.523，意味着情感、贡献、专业尊敬可以解释情感的52.3%变化原因。而且模型通过 F 检验（$F=27.864$，$P<0.05$），说明模型有效。另外，针对模型的多重共线性进行检验发现，模型中VIF值均为1.000，意味着不存在共线性问题；并且D-W值为1.761，说明模型不存在自相关性，样本数据之间并没有关联关系，模型较好。总结分析可知，领导—成员交换的各个维度均对员工创新绩效产生显著的正向影响，本研究数据支持部分假设 H_3，支持假设 H_{3a}、H_{3b}、H_{3c}。

表7-29　领导—成员交换对员工创新绩效的逐步回归

项目	因变量：员工创新绩效				
自变量	标准B	T值	调整后 R^2	F值	D-W值
情感	0.357	5.333	0.523	27.864	1.761
贡献	0.535	8.570			
专业尊敬	0.466	6.183			

（六）研究领导—成员交换的中介效果

中介变量是自变量对因变量产生影响的中介，不属于可预先操纵和控制的自变量或可观察测量的因变量，而是一种假设型概念。在心理学中，动机、需要、智力、习惯、学习、态度、观念等在性质上均属于中介变量。中介变量在心理学实验中的意义，在于可以让实验者明确影响实验结果的内在心理因素，并设法控制提高实验效度。通过准确定义中介变量，可以准确将自变量和因变量联系起来。

由诚信领导对员工创新绩效的回归分析得到的结果表明，诚信领导的下属导向、领导特质与诚实不欺维度对员工创新绩效有一定的回归效果，而内化道德观对员工创新绩效则没有影响。诚信领导对领导—成员交换的回归分析结果表明，诚信领导的各维度均对情感维度有回归作用；下属导向、领导特质和诚实不欺三个维度进入了诚信领导对贡献维度的回归方程；下属导向和领导特质进入了诚信领导对专业尊敬维度的回归方程。因此结果符合以领导—成员交换为中介变量、诚信领导为自变量、员工创新绩效为因变量，检验领导—成员交换量表的中介作用的要求。

1. 情感作为中介变量对诚信领导与员工创新绩效关系的影响

研究情感维度对诚信领导与员工创新绩效关系的中介作用，首先只研究诚信领导各维度对员工创新绩效的影响，之后再加入情感维度，研究诚信领导和情感维度对员工创新绩效的影响。

首先不加入情感维度，由之前的回归分析结果可知，自变量选择下属导向、领导特质、诚实不欺，因变量选择员工创新绩效进行逐步回归分析。系统生成的结果见表7-30，R^2为0.421，意味着诚信领导各维度可以解释创新绩效42.1%的变化原因。标准化回归系数分别为0.229，0.296，0.479，作用效果都很显著。当加入情感维度作为自变量进入回归方程时，R^2为0.478，意味着诚信领导各维度和情感可以解释创新绩效47.8%的变化原因。诚信领导各维度对员工创新绩效的回归系数上升，上升后的系数依然能达到显著性水平，且情感对员工创新绩效的影响很显著，调整后R^2由0.421上升至0.478。总结分析可知：自变量选择情感和诚信领导对因变量分析，比自变量只有诚信领导的情况下可以更好地解释员工创新绩效，情感维度作为中介变量在诚信领导和员工创新绩效之间起部分作用。综上，本研究数据部分支持假设H_{5a}。

表7-30 诚信领导、情感对员工创新绩效的回归

项目	员工创新绩效		员工创新绩效	
自变量	标准B	T值	标准B	T值
下属导向	0.229	2.962	0.319	3.745
领导特质	0.296	3.823	0.355	4.005
诚实不欺	0.479	3.712	0.494	4.472
情感			0.306	5.310
整理后R^2	0.421		0.478	
F值	22.957		36.501	
D-W值	1.672		1.593	

2. 贡献作为中介变量对诚信领导与员工创新绩效关系的影响

研究贡献维度对诚信领导与员工创新绩效关系的中介作用，首先只研究诚信领导各维度对员工创新绩效的影响，之后再加入贡献维度，研究诚信领导各维度和贡献维度对员工创新绩效的影响。

首先不加入贡献维度，由之前的回归分析结果可知，自变量选择下属导向、领导特质、诚实不欺，因变量选择员工创新绩效进行逐步回归分析。系统生成的结果见表 7-31，R^2 为 0.421，意味着诚信领导各维度可以解释员工创新绩效 42.1% 的变化原因。标准化回归系数为 0.229、0.296、0.479，作用效果都很显著。当加入贡献维度作为自变量进入回归方程时，R^2 为 0.530，意味着诚信领导各维度和贡献可以解释创新绩效 53.0% 的变化原因。诚信领导各维度对员工创新绩效的回归系数上升，上升后的系数依然能达到显著性水平，且贡献维度对员工创新绩效的影响很显著，调整后 R^2 由 0.421 上升至 0.530。总结分析可知：自变量选择贡献维度和诚信领导对因变量分析，比自变量只有诚信领导的情况下可以更好地解释员工创新绩效，贡献维度作为中介变量在诚信领导和员工创新绩效之间起部分作用。综上，本研究数据部分支持假设 H_{4b}。

表 7-31　诚信领导、贡献对员工创新绩效的回归

项目	员工创新绩效		员工创新绩效	
自变量	标准 B	T 值	标准 B	T 值
下属导向	0.229	2.962	0.153	2.534
领导特质	0.296	3.823	0.176	2.677
诚实不欺	0.479	3.712	0.418	3.041
贡献			0.366	6.209
整理后 R^2	0.421		0.530	
F 值	22.957		33.304	
D-W 值	1.672		1.877	

3. 专业尊敬作为中介变量对诚信领导与员工创新绩效关系的影响

研究专业尊敬维度对诚信领导与员工创新绩效关系的中介作用，首先只研究诚信领导各维度对员工创新绩效的影响，之后再加入专业尊敬维度，研究诚信领导各维度和专业尊敬维度对员工创新绩效的影响。

首先不加入专业尊敬维度，由之前的回归分析结果可知，自变量选择下属导向、领导特质、诚实不欺，因变量选择员工创新绩效进行逐步回归分析。系统生成的结果见表 7-32，R^2 为 0.421，意味着诚信领导各维度可以解释员工创新绩效 42.1% 的变化原因。标准化回归系数为 0.229、0.296、0.479，作用效果都很显著。当加入专业尊敬维度作为自变量进入回归方程时，R^2 为 0.471，意味着诚信领导各维度和专业尊敬可以解释创新绩效 47.1% 的变化原因。诚信领导各维度对

员工创新绩效的回归系数上升，上升后的系数依然能达到显著性水平，且专业尊敬维度对员工创新绩效的影响很显著，调整后 R^2 由 0.421 上升至 0.471。总结分析可知：自变量选择专业尊敬维度和诚信领导对因变量分析，比自变量只有诚信领导的情况下可以更好地解释员工创新绩效，专业尊敬维度作为中介变量在诚信领导和员工创新绩效之间起部分作用。综上，本研究数据部分支持假设 H_{4c}。

表 7-32 诚信领导、专业尊敬对员工创新绩效的回归

项目	员工创新绩效		员工创新绩效	
自变量	标准 B	T 值	标准 B	T 值
下属导向	0.229	2.962	0.198	2.245
领导特质	0.296	3.823	0.210	2.807
诚实不欺	0.479	3.712	0.351	3.269
专业尊敬			0.313	4.569
整理后 R^2	0.421		0.471	
F 值	22.957		35.846	
D-W 值	1.672		1.616	

总结分析可知：领导—成员交换在诚信领导与员工创新绩效之间起到部分中介作用。

（七）人口学变量对研究变量的影响研究

许多学者已经表明，人口学变量对研究变量有差异影响，也可以作为控制变量缓冲自变量与因变量之间的关系。本研究将利用检验方差分析对检验数据进行分析，检验方差相等的多个正态总体均值是否相等，然后判断各因素对检验指标的影响是否显著。

1. 研究变量在性别上的差异性

由表 7-33 可以看出，男、女员工在诚信领导、领导—成员交换、员工创新绩效上的平均值和标准差都相差非常小，可以说性别对于诚信领导、领导—成员交换、员工创新绩效几乎不存在影响。

表 7-33　研究变量在性别上的差异性

项目	性别	N	均值	标准差	F	Sig.
下属导向	男	110	3.58	1.031	2.877	0.092
	女	134	3.55	0.840		
内化道德观	男	110	3.67	1.037	16.043	0.000
	女	134	3.84	0.593		
领导特质	男	110	3.53	1.168	12.383	0.001
	女	134	3.66	0.750		
诚实不欺	男	110	3.36	1.144	12.086	0.001
	女	134	3.58	0.762		
情感	男	110	3.13	1.292	7.338	0.008
	女	134	3.45	0.909		
贡献	男	110	3.24	1.276	9.259	0.003
	女	134	3.42	0.907		
专业尊敬	男	110	3.55	1.119	15.468	0.000
	女	134	3.76	0.740		
创新行动	男	110	3.84	0.898	4.755	0.031
	女	134	3.78	0.599		
创新效果	男	110	3.56	0.877	5.139	0.025
	女	134	3.58	0.655		

2. 研究变量在学历上的差异性

由表 7-34 可以看出，不同学历的员工在诚信领导、领导—成员交换、员工创新绩效上的平均值和标准差都相差非常小，故学历对于诚信领导、领导—成员交换、员工创新绩效几乎不存在影响。

表 7-34　研究变量在学历上的差异性

项目	学历	N	均值	标准差	F	Sig.
下属导向	专科及以下	106	3.51	1.049	2.584	0.111
	本科	94	3.60	0.851		
	硕士及以上	44	3.64	0.790		

续表

项目	学历	N	均值	标准差	F	Sig.
内化道德观	专科及以下	106	3.70	0.972	0.028	0.868
	本科	94	3.81	0.798		
	硕士及以上	44	3.82	0.395		
领导特质	专科及以下	106	3.57	1.029	0.127	0.723
	本科	94	3.57	0.972		
	硕士及以上	44	3.73	0.767		
诚实不欺	专科及以下	106	3.49	0.953	0.022	0.883
	本科	94	3.53	1.018		
	硕士及以上	44	3.36	0.848		
情感	专科及以下	106	3.26	1.146	0.017	0.896
	本科	94	3.28	1.136		
	硕士及以上	44	3.45	0.963		
贡献	专科及以下	106	3.26	1.146	0.014	0.906
	本科	94	3.28	1.136		
	硕士及以上	44	3.40	1.132		
专业尊敬	专科及以下	106	3.26	1.113	0.005	0.943
	本科	94	3.60	1.025		
	硕士及以上	44	3.60	0.970		
创新行动	专科及以下	106	3.91	0.815	0.523	0.145
	本科	94	3.70	0.749		
	硕士及以上	44	3.58	0.795		
创新效果	专科及以下	106	3.63	0.464	0.423	0.235
	本科	94	3.77	0.528		
	硕士及以上	44	3.95	0.486		

3. 研究变量在工龄上的差异性

由于工龄主要集中在 1 年以下和 10 年以上，故将工龄分为 1~3 年和 3 年以上进行分析。

由表 7-35 可以看出，不同工龄的员工在下属导向、内化道德观、领导特质、创新行动、创新效果方面的差异还是很明显，而诚实不欺及领导—成员交换在工龄这一属性上并未显现出显著的差异。

表 7-35　研究变量在工龄上的差异性

项目	工龄	N	均值	标准差	F	Sig.
下属导向	1~3 年	108	2.74	0.745	4.134	0.044
	3 年以上	136	3.59	1.054		
内化道德观	1~3 年	108	2.81	0.552	7.617	0.007
	3 年以上	136	3.72	0.990		
领导特质	1~3 年	108	2.63	0.831	2.886	0.092
	3 年以上	136	3.57	1.055		
诚实不欺	1~3 年	108	3.41	0.922	0.340	0.561
	3 年以上	136	3.54	0.984		
情感	1~3 年	108	3.20	1.071	0.272	0.603
	3 年以上	136	3.38	1.133		
贡献	1~3 年	108	3.20	1.035	0.287	0.593
	3 年以上	136	3.44	1.125		
专业尊敬	1~3 年	108	3.63	0.808	2.047	0.155
	3 年以上	136	3.69	1.026		
创新行动	1~3 年	108	2.70	0.500	5.036	0.027
	3 年以上	136	3.88	0.890		
创新效果	1~3 年	108	2.52	0.637	3.925	0.050
	3 年以上	136	3.62	0.847		

总结分析可知：人口统计学特征与诚信领导、领导—成员交换、员工创新绩效部分存在差异。本研究数据部分支持假设 H_5。

（八）理论模型验证结果

从实证结果可以看出，大部分假设得到了支持，结果汇总见表 7-36。

表 7-36　假设的检验结果

假设名	假设内容	验证情况
H1	H_1：诚信领导各个维度对员工创新绩效具有正向影响	部分成立
	H_{1a}：下属导向维度对员工创新绩效具有正向影响	成立
	H_{1b}：内化道德观维度对员工创新绩效具有正向影响	不成立
	H_{1c}：领导特质维度对员工创新绩效具有正向影响	成立
	H_{1d}：诚实不欺维度对员工创新绩效具有正向影响	成立
H2	H_2：诚信领导对领导—成员交换各维度具有正向影响	部分成立
	H_{2a}：诚信领导对员工的贡献维度具有正向影响	成立
	H_{2b}：诚信领导对员工的情感维度具有正向影响	成立
	H_{2c}：诚信领导对员工的专业尊敬维度具有正向影响	部分成立
H3	H_3：领导—成员交换对员工创新绩效具有正向影响	成立
	H_{3a}：情感维度对员工创新绩效具有正向影响	成立
	H_{3b}：贡献维度对员工创新绩效具有正向影响	成立
	H_{3c}：专业尊敬维度对员工创新绩效具有正向影响	成立
H4	H_4：领导—成员交换在诚信领导和员工创新绩效中起中介作用	部分成立
	H_{4a}：情感维度在诚信领导和员工创新绩效中起中介作用	部分成立
	H_{4b}：贡献维度在诚信领导和员工创新绩效中起中介作用	部分成立
	H_{4c}：专业尊敬维度在诚信领导和员工创新绩效中起中介作用	部分成立
H5	H_5：员工不同的个人属性对于诚信领导、领导—成员交换、员工创新绩效的影响存在显著差异	部分成立

六、研究结论及对策建议

（一）研究结论

本文通过对诚信领导、领导—成员交换与员工创新绩效之间的关系进行理论研究与实证分析发现，诚信领导正向影响员工创新绩效，领导—成员交换在诚信领导与员工创新绩效之间起部分中介作用。诚信领导能够直接提升员工创新绩效，在高质量的领导—成员交换的环境下，其影响更加突出，更能提升员工创新绩效。

1. 诚信领导部分维度对员工创新绩效有正向影响

本文通过理论论证与回归实证分析发现，诚信领导理论中三个维度显著正向影响员工创新绩效，其作用强度由高到低依次是下属导向、领导特质和诚实不欺，而诚信领导理论的内化道德观维度并不显著影响员工创新绩效行为。为此，若要达到提高员工创新绩效的目的，领导者首先要具备较高的下属导向，于工作环境中正确引导下属行为，并严于律己，做好信守承诺的表率。领导者注重与员工的诚信关系是诚信领导的重要体现。此外，诚信领导者注重保持自身诚信观、价值观一致，做到言行一致，不仅是诚信领导者个人素质的强调，更是诚信领导者基本行为准则。同时领导者能正确引导下属诚信，保持公平公正的透明工作环境，与员工建立良好的上下级关系，使得员工信任支持领导者，进而积极参与并主动开发自身潜能，更好地胜任本职工作，提高创新能力。

结论1：诚信领导部分维度正向显著影响员工创新绩效，按作用强度排序分别是下属导向、领导特质和诚实不欺维度，但内化道德观对员工创新绩效无显著影响。

2. 诚信领导各维度对领导—成员交换有正向影响

本文基于理论论证与回归实证分析发现，诚信领导各维度显著正向影响领导—成员交换，按其影响程度由高到低依次是领导—成员交换的情感维度、贡献维度和专业尊敬维度。具体研究结果如下：诚信领导的下属导向维度显著正向影响领导—成员交换的情感维度和贡献维度；诚信领导的内化道德观维度显著正向影响领导—成员交换的情感维度和贡献维度；诚信领导的领导特质维度显著正向影响领导—成员交换的情感维度、贡献维度和专业尊敬维度；诚信领导的诚实不欺维度正向影响领导—成员交换的情感维度和贡献维度。这说明诚信领导可以形成良好的领导关系，从而实现高质量的领导—成员交换。

结论2：诚信领导各维度对领导—成员交换部分维度有显著正向影响，其中下属导向显著正向影响领导—成员交换的情感维度和贡献维度，而对专业尊敬维度无显著影响；内化道德观对领导—成员交换的情感维度和贡献维度影响最为显著，同样对专业尊敬维度无显著影响。领导特质和诚实不欺显著正向影响领导—成员交换的情感维度、贡献维度和专业尊敬维度。

3. 领导—成员交换各维度对员工创新绩效有正向影响

本文基于理论论证与回归实证分析发现，领导—成员交换各维度均正向影响员工创新绩效。领导—成员交换理论主要阐述领导者依据个人喜好、情感偏好、个人的思想对待下属的方式是不一样的，不能平等对待每一个下属或下属群体，进而形成了一种不同质量的领导—成员交换关系。领导与下属之间的这种亲近感往往是影响领导绩效的一个重要因素，与领导保持高质量的领导—成员交换关系的员工往往被视为"圈子内的成员"。而更好的发展机会、更高的职位和更高的薪酬常常被授予这些"圈子内的成员"，进而这些员工便愿意主动提高自身知识潜能、提升自身的创新绩效以获得更大的发展机会。领导对员工保持高水平的贡献、高水平的情感联系、高水平的专业尊重，对员工的创新绩效有积极的影响。而与领导者之间的交流关系质量较低的员工，往往被视为"圈子外的成员"，这些"圈子外的成员"常常受到领导的无视，与领导保持较为疏远的关系，做着繁而杂的任务，甚至得不到与付出对应的报酬，从而降低员工提高工作绩效的积极性，甚至产生离职意愿，低贡献度的员工更加消极。因此高质量的领导—成员交换关系对员工创新绩效的正向影响更大，低质量的领导—成员交换关系负向影响员工创新绩效。

结论3：领导—成员交换显著影响员工创新绩效，其中高质量的领导—成员交换关系，无论是贡献、情感、专业尊敬维度均正向影响员工创新绩效；低质量的领导—成员交换关系，无论是贡献、情感、专业尊敬维度均负向影响员工创新绩效。

4. 领导—成员交换作为中介变量起到了显著影响作用

本文基于理论论证与回归实证分析发现，领导—成员交换作为中介变量在诚信领导对员工创新绩效影响中有着显著作用。实证结果显示，领导—成员交换的变量加入模型之后，诚信领导各个维度对员工创新绩效的影响程度更大，从而得出结论：领导—成员交换在诚信领导和员工创新绩效之间起到部分中介作用。同时从理论上讲，诚信领导在领导与成员保持高度的情感、贡献、专业尊敬的条件下，员工必然更加信任领导，愿意为组织做贡献，改进自身绩效。综上，在诚信领导对员工创新绩效的影响中，领导—成员交换的三个维度均起到了中介作用。

结论4：在领导—成员交换的中介作用下，诚信领导对员工创新绩效的作用更加显著，领导—成员交换中介显著正向影响诚信领导和员工创新绩效行为。

5. 部分人口学变量对研究变量有影响

人口学变量对研究变量的影响研究中，本文选择了性别、学历、工龄进行实证研究。通过实证分析得知，在不同性别的员工中，诚信领导对提高员工创新绩效的效果相同；在不同学历的员工中，诚信领导对提高员工创新绩效的效果相同；对于1~3年工龄的员工，诚信领导对提高员工创新绩效的效果更好，而对于3年以上工龄的员工来说，诚信领导对提高员工创新绩效的效果较弱。这表明：员工在一个企业工作时间越久，诚信领导对他的创新能力影响就越弱；而新员工想要更多地参与企业的发展与决策，期望所在的企业是一个更好的环境，诚信领导对他的创新能力影响就越强。

结论5：部分人口学变量对研究变量的影响存在显著差异。

（二）对策建议

本文自变量选择诚信领导，中介变量选择领导—成员交换，因变量选择员工创新绩效，基于文献回顾和实证分析发现，诚信领导的下属导向、领导特质和诚实不欺三个维度均对员工创新绩效有积极影响，内化道德观维度不对员工创新绩效产生显著影响，领导—成员交换的三个维度在这个影响过程中起到部分中介作用。可见，诚信领导既直接影响员工的创新绩效，又通过领导—成员交换作用于员工的创新绩效。基于此结论，本文提出以下应用改进建议。

1. 诚信领导的自我培养

在企业中，领导者是企业发展的带头人，诚信是作为领导者必须具备的重要素养之一。具有较高诚信素养的领导者，更能带动员工进行自我发展，改善其创新行为，进而带来较高的创新绩效。现代企业中，多数领导者都具有成为诚信领导者的潜能，具备良好诚信意识的领导者，在潜移默化的工作中，最终将这种意识内化为自觉的诚信行为。具体来说，领导讲诚信的能力、讲诚信的勇气、讲诚信的毅力以及讲诚信带来的自我效能感会强化诚信意识与行为之间的联系。在这个过程中，领导者在面临自身角色身份定位、自身行为诚信底线的讨论与自我反省中，或与他人一起作参照，或体验其间进退两难困境，或进行换位思考，这个过程便能提高领导者的诚信能力。这种活动可着重培养领导者将自己的诚信意识、诚信意愿转化为行动的能力。诚信毅力则是在不断的实践中获得发展。

为了有效地提高员工创新绩效，带动更多的产出，领导者要注重自我培养，组织的确定性、文化的包容性、组织的伦理观均是发展诚信领导的重要条件，这个过程能有效促进领导者与员工的自我认识。可见，通过建设具有包容性、伦理性、应变性的组织文化，可以有效地培养诚信型的领导，进而带来较优的绩效。

2. 建立和完善诚信领导的甄选机制

本文基于回归分析研究发现，诚信领导对员工的创新绩效有正向影响的作用。基于此，为了达到促使员工站在公司角度思考问题，增强对公司的认同感和信任感，进而提升员工绩效、组织绩效，给企业带来更大的发展，企业可以注重培养诚信型的领导者，进而带动员工的创新绩效提升。基于人力资源管理视角，可以通过招聘选拔和培训开发两大模块建立与完善诚信领导的甄选机制。在初始招聘和选拔中，可以根据诚信领导的测度量表，开发相应的评价软件，并通过该评价软件对相应的人员进行初始评价和选拔。在面试问题的设计中加入关于诚信领导的试题，并以此进行甄选。在培训开发方面，可以对现有的中高层领导进行培训需求分析，依据诚信领导者的需求、企业发展的需要、企业资源的现状，制定企业诚信领导的意识和行为相适应的培训方式。

3. 改善领导与成员之间的关系

本文上述研究发现，领导—成员交换显著正向影响员工创新绩效。故在企业中，通过建立积极的领导关系，员工可以显著提高他们的生产率，进而提高他们的绩效。改善员工与领导的关系，不仅是企业文化建设的重要方面，也是提升企业良好形象的重要法宝。良好的领导关系能有效改善上下级机构之间的关系，加强员工与领导之间的沟通，增强员工团队意识和平等合作精神。建立良好的领导与员工关系，首先需要建设平等合作的企业文化；其次，要改善领导与员工之间的关系，彼此之间加强沟通和理解，领导和员工才能更加投入工作，带来更高的绩效；最后，企业要公平地对待所有员工，营造公正的环境，员工才能获得心理平衡，更愿意为企业付出。为创造公平的环境，改善领导与员工关系，公司需要公开透明的公司政策、规则和工作流程，以便每个员工都知道管理者对他们的期望。同时，领导者需要不断与员工沟通，了解他们对领导者的期望，以及他们对企业行为的支持。领导者给予员工更多的帮助、更多的理解和支持可以改善双方的关系，促进员工提高创新绩效。

4. 员工创造力培训

本文上述研究发现，员工创造力受到多个因素影响，这些因素都是通过对员工影响进一步产生的，所以企业要提高创新绩效，员工创造力的提升尤为关键。企业可以借鉴培训经验，对员工创造力进行专业化教育，以维持企业的快速发展。具体可以从三个方面出发：首先，在企业内部开设员工创造力的培训课程，通过培训讨论企业发展中的问题，让员工真正参与到公司的创新中来，增加他们对公司的归属感和熟悉程度；其次，在企业外部可以找专研究机构进行培训，这样可以让员工得到专业知识的学习，还可以了解到最先进的研究技术，能够具备与时俱进的思想；最后，企业可以建立员工的创造力评价体系，了解不同阶段员工的创造力，对员工的薄弱环节进行深入的教育。

Part 03

对 策 篇

第八章

企业诚信体系建设的路径与方法

第一节 企业诚信体系建设的指导思想、基本原则和目标任务

一、指导思想

（一）诚信是企业保持生命力的灵魂所在

企业发生，始于诚信。企业在发生之初，多数是由少数几个人合作发起的，正是发起人之间相互的诚信和信任，大家愿意共担风险，为共同的目标努力奋斗，使得企业得以成立。

企业成长，基于诚信。企业在成长阶段，需要招聘更多的员工，并扩展自己的市场。诚信的企业能够更有效地吸引外部人才，激励内部员工，提高企业的生产效率。同时，诚信的企业更容易赢得消费者的青睐，为自己树立良好的口碑，从而获得更大的市场。

企业常青，依靠诚信。诚信是市场经济的基本原则，企业作为市场经济的主体，必定需要诚信经营。企业一旦失信，轻则导致利益损失，重则可能破产灭亡，如三鹿奶粉事件，就是一个很好的例子。

因此，诚信伴随企业生命周期的各个阶段，只有依靠诚信，企业才能谋大求强图久。纵观百年企业，无不依靠诚信得以立足，进而扩大市场，逐渐壮大，从而拥有持久的生命力。诚信是企业保持持久生命力的核心灵魂所在，企业需要依靠诚信建设来守住自己的灵魂，保持长久的生命力。

（二）诚信体系建设需同时兼顾企业的德行诚信和经济利益诉求

作为市场经济主体，一方面，企业具有获取利润最大化的需求；另一方面，企业的诚信水平关乎人民、国家和社会的根本利益。诚信成为企业的一种商业伦

理，是企业在市场经济中需要遵守的基本道德准则，是企业的一种责任。

在实践中，一些企业为了追求经济利益，将企业诚信抛之脑后，导致出现失信行为。出现这种现象的原因在于，某些时候经济利益和诚信道德之间存在一种矛盾：企业诚信会导致成本增加或经济利益减少。但这种矛盾是一种短期视角，站在长远的角度，企业诚信将有利于吸引人才、降低企业的交易成本、赢得顾客的忠诚度、拓宽客户市场，从而为企业带来更多的利益。

企业在进行诚信建设时，需要兼顾德行的诚信和合理的经济利益诉求。诚信是企业应该遵守的一种商业伦理，也是企业对利益相关者的一种基本责任，有利于为企业赢得长远利益。但在实践中，德行诚信可能会损坏企业的利益，如由于原材料价格突然上涨，企业若按前期签订的合同的价格生产并销售产品便会发生亏损。企业最基本的责任是经济责任，因此企业的诚信建设需要兼顾德行诚信和经济利益，只讲德行诚信，不追求经济利益的企业诚信是不现实的，也是不可行的，只追求经济利益而不讲德行诚信的企业会损坏利益相关者各方的利益，最终导致破灭。

二、基本原则

（一）系统性

企业诚信体系建设是一项系统工程，需要依靠一整套系统的方案得以实现。首先，需要建立一套以企业制度、企业文化和组织结构为核心的支撑体系，以支持企业诚信体系建设工作的顺利开展。其次，在支撑体系的基础上，企业需要同时加强对自身诚信和对合作方诚信的管理。企业自身诚信管理需要树立企业家的个人诚信、提高员工的诚信水平、实现对利益相关者的诚信，其核心在于实现对利益相关者的诚信，目的在于提高企业整体的诚信水平，塑造诚信的企业形象，赢得利益相关者的信赖。对合作方的诚信管理需要从事前、事中、事后三个阶段来实现，以避免企业自身在合作中因合作方的失信而遭受经济损失。事前的管理主要是指企业在寻求合作方时，需要对有意合作的企业的诚信水平进行识别和评价，选择诚信水平较高的企业成为合作方；事中的管理主要是指在和合作方合作的过程中，动态监控合作方的行为，及时发现其可能存在的失信行为，并采取有效措施制止其失信行为的发生；事后的管理主要是指合作结束后，企业对合作方在合作过程中的诚信水平进行评价，并建立合作企业的诚信档案，为以后选择合作方提供决策参考，并与市场监督管理部门、媒体或行业等实现信息共享。

（二）长期性

企业诚信体系建设是一个动态的长期过程，不能一蹴而就。目前企业诚信体系建设仍缺乏较为成熟的经验，不同的企业建设诚信体系也存在不同的路径，因此企业在进行诚信体系建设时需要不断地摸索，以找到适合自己的方案。

企业必须明白诚信体系建设具有长期性，不能急于求成。企业的诚信体系建设需要给予一定的时间范围，在正式实施具体举措前需要制定相关的规划，阶段性地完成规划的目标。当企业的诚信体系建设取得一定的成果时，仍需要继续坚持建设，不断积累经验，丰富诚信体系建设的内涵和方法，不断提升自身诚信水平。

（三）全员参与

企业诚信体系建设不只是企业管理者的任务或企业内部某一个部门的职责，它是企业全体成员共同的任务，需要企业内部每个部门、每个员工的共同参与。因此，企业在进行诚信体系建设时应遵守全员参与的基本原则。

企业诚信的关键在于企业员工的诚信，只有全体员工认同、支持并主动参与到企业的诚信建设中，企业的诚信建设才能取得良好的成效。企业在开展诚信建设时，需要加强与员工的沟通，向员工传达诚信的价值观念，鼓励员工主动积极参与其中。

三、目标任务

（一）提高员工的诚信水平

企业诚信建设的基本目标在于提高员工的诚信水平。企业诚信的关键在于员工诚信。一方面，诚信的员工会对企业诚实守信，不会因自身因素损害企业的利益，相反，会主动维护企业的利益；另一方面，诚信的员工拥有更加良好的人际关系，这有利于员工间的沟通和合作，从而更有效地完成工作。另外，诚信的员工会对顾客忠诚，为客户提供更好的产品和服务，从而为企业树立良好的形象。因此，企业诚信建设首先需要提高员工的诚信水平。

（二）提高企业自身的整体诚信水平

企业诚信建设的核心目标是提高企业自身的诚信水平。诚信是市场经济的基本原则，然而有些企业为了追逐经济利益而出现失信行为。诚信的企业有利于增强内部员工的凝聚力、赢得外部消费者的信赖，而失信的企业会在市场选择的过程中最终被淘汰出局，难以获得长久的生命力。企业诚信建设的最主要目标就在于提高自身诚信水平，从而树立良好的企业形象，获得持久的生命力。

（三）共建诚信的市场经济环境

企业诚信建设的深层次目标是共建诚信的市场环境氛围。作为市场经济的主体，企业的诚信水平关乎人民、国家和社会的根本利益，市场经济的健康持续发展需要诚信的环境氛围。企业诚信建设，要求企业真诚地向各利益相关者（员工、顾客、股东、社区、政府、环境等）承诺、守诺、履诺，维护各方利益和自身利益，并有权利、有能力要求各合作方和自己一样遵守市场规则，对各利益方诚实守信，保证自己及公共利益。因此，企业诚信建设的目标不仅仅是提高自身的诚信水平，更深层次的目标在于提高整个市场环境的诚信水平。由己及彼，由少到多，通过这种"涟漪效应"的方式，将企业诚信建设推向更广的范围，逐渐形成诚信的市场环境氛围，并推动社会诚信建设。

第二节　建设企业诚信体系的具体步骤

企业的诚信体系建设，首先需要从企业制度、企业文化和经营管理三个方面建立和健全内部诚信体系；其次，还需要对企业个人进行诚信管理；最后，需要加强对合作商的诚信评价与管理。企业个人诚信管理要求企业家树立诚信榜样、员工在工作和交往中做到诚信、对利益相关者遵守诚信原则。对合作商的诚信管理包括事前对合作商诚信水平的识别和评价、事中对合作商的动态监控以及事后对合作商诚信水平的评价及信息共享。企业诚信体系的建设路线具体如图8-1所示。

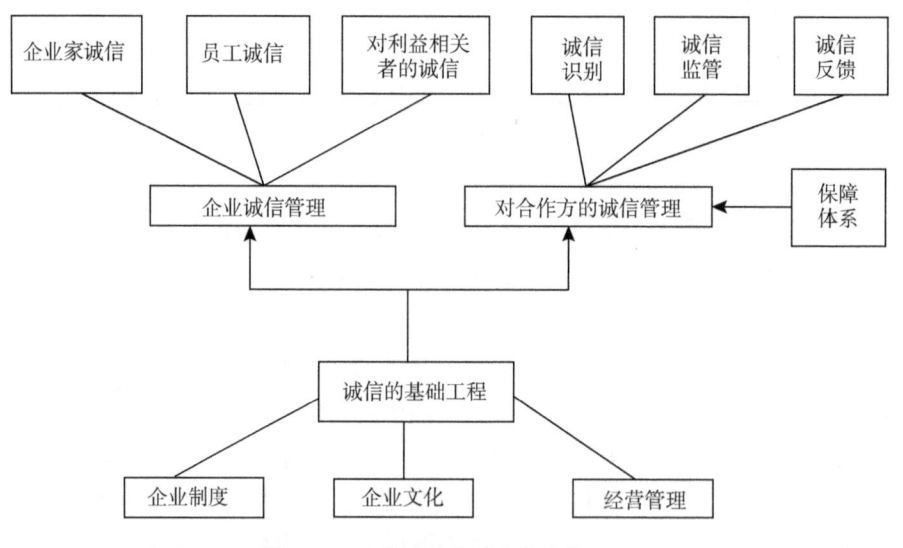

图8-1　企业诚信体系建设路线

一、诚信基础工程建设

（一）制定完备的诚信管理制度

企业制度是员工行为的准则，制定完备的诚信管理制度，将诚信作为经营和管理的基本原则，对员工的行为有效约束。制定完备的诚信管理制度包括以下几个方面。

（1）从制度上明确诚信为企业经营与管理的基本原则。一方面，将诚信作为经营的基本原则写入企业制度，传达出企业诚信经营的理念；另一方面，将诚信作为管理的基本原则，要求全体员工在工作和内部交往中做到诚信，使诚信成为员工行为的基本准则，明确相应的责任和权利，并落实到每一个部门、每一个员工。

（2）制定相应的奖惩制度，鼓励诚信行为，惩罚失信行为。根据斯金纳的强化理论，一种行为若受到奖励，便会不断得到正强化；而受到惩罚时，便会不断负强化，直至消失。企业制定与诚信有关的奖惩制度，奖励员工的诚信行为，惩罚失信行为，以鼓励员工积极地表现出更多的诚信行为。奖励形式可以是口头表扬、授予荣誉、给予物质奖励或精神奖励、提供晋升机会等。通过奖惩制度使员工明白哪些诚信行为是被企业认可的，以及哪些失信行为是企业所不允许的。

（3）将诚信纳入人力资源管理制度，贯穿人力资源管理活动的各个流程，加强对员工的诚信管理。招聘新员工时，在职位说明书中明确要求新员工具备诚信的品质，筛选和面试时不仅要考察应聘者的能力，也应考察其道德品质，在背景调查中增加对其诚信状况的调查，以使企业招聘到诚信的员工。培训阶段，对新员工进行诚信教育，加强其对诚信价值观的认可和重视。在绩效考核制度中，将诚信作为绩效考核的一个重要指标，并分配较大的权重，对员工的绩效进行考核。在薪酬管理制度中，将员工的诚信考核结果与其薪酬和福利挂钩。职业规划与发展中，将员工的诚信考核结果作为晋升要考虑的一个重要因素。

（4）完善企业制度，简化部分程序，提高效率。在调研过程中发现，某些企业财务制度不完善，导致财务工作效率低下，不能按时向供应商交付货款，使企业自身诚信水平下降。为避免此类情况，企业需要全面考虑在合法合规的基础上简化部分程序，提高效率。

（二）培育以诚信为核心的企业文化

企业文化是企业在长期实践过程中所形成的全体员工共同认可和遵守的行为规范的总和。如果说企业制度是对员工行为的硬约束，那么企业文化就是对员工行为的软约束，诚信的企业文化会逐渐感染员工，使员工树立诚信的价值观念，主动地表现出诚信行为。

建设诚信的企业文化首先要树立诚信的经营理念，将诚信经营与企业的长远发展相结合，树立诚信的价值观念。其次，将诚信经营的理念落到实处，将概念上的诚信具体化、形式化。如可以通过晨会、夕会、总结会的形式加深员工对诚信价值观的理解；定期开展思想小结，让员工评判自己是否做到了诚信，并举出具体的事例；在企业设立文化墙，张贴文化海报，宣扬诚信价值观；通过文体活动宣传企业的诚信价值观；每年度评选诚信水平较高的员工并给予表彰；定期开展以诚信为主题的文化培训活动。

（三）建立专门的诚信管理部门

企业在内部建立一个专门的诚信管理部门，负责企业诚信体系建设的具体工作。该部门不隶属于某一个职能部门，而是作为一个独立的职能部门存在，与其他职能部门（如财务部门、人力资源部门等）共同构成企业的组织结构。该部门的主要职责包括以下几个方面。

（1）制定企业诚信管理制度。诚信管理部门根据企业自身的特点，制定本企业的诚信管理制度，包括诚信原则的确定、员工诚信行为的约束、诚信的奖惩制度、部门及个人在诚信建设中的责任等。

（2）员工的诚信管理。诚信管理部门与人事部门密切合作，对员工进行诚信管理，包括对员工诚信的考核、奖励、处罚，建立员工诚信档案等。

（3）企业自身诚信水平的评估与管理。诚信管理部门需要时常关注企业自身的诚信水平，定期对自身诚信水平进行评估，寻找制约本企业诚信体系建设的原因，并不断完善自身的诚信体系建设。

（4）识别和评估合作商的诚信水平。在寻找企业的合作方时，对寻求合作的企业的诚信水平进行全面的识别和评估，为管理层提供决策的参考依据，以防范合作企业失信带来损失的风险。

（5）动态实施对合作商的诚信管理。在与其他企业合作的过程中，诚信管理部门需要动态监控合作商的诚信状况，若发现合作商存在不诚信行为，应立即采取有效措施督促其诚信守约，避免企业自身受到损失。合作结束后对合作商的诚信水平进行评价。在与合作商合作期满后，诚信管理部门需要收集并整理相关信息资料，应对合作商进行诚信评价，建立合作商的诚信档案。

需要注意的是，企业内部的诚信管理部门虽然是一个独立于其他部门的职能部门，但它与其他部门的关系并不是孤立的，而是相互联系、相互配合的。比如，该部门对员工的诚信管理需要和人事部门密切配合，对合作商的诚信管理也需要生产、销售等部门的积极配合。

二、加强企业自身诚信管理

（一）树立企业家个人诚信形象

企业家的个人素质和能力往往会对一个企业产生深远的影响，企业家是掌舵者，决定企业的航行方向，是影响企业诚信体系建设的最关键因素。一个企业即使拥有再完备的诚信管理制度，若企业家不诚信，员工也难以真正主动地自愿在工作中做到诚信，外界也不会相信该企业是诚信的。企业家是企业形象的代表，其诚信品质对于企业诚信建设至关重要。因此，进行企业诚信体系建设时，企业家需要从自身做起，做到诚实守信，为员工树立良好的榜样。

（二）提高企业员工的诚信水平

企业诚信的关键在于员工的诚信，员工诚信水平较高的企业，其员工在企业生产、管理活动的各个流程和环节中更可能表现出诚信行为，在内部交往中表现出人际信任，为客户提供质量更高的服务。因此，企业的诚信体系建设需要提高企业员工的诚信水平，具体来说，可从以下两个方面做起。

（1）制定明确的行为规范。明确的行为规范指出哪些行为是企业所鼓励的，而哪些行为是企业不允许的，从而有利于引导和规范员工的行为，使其采取更多的诚信行为。

（2）将诚信作为员工绩效考核的重要指标进行考核。绩效考核往往对员工具有导向作用，通过绩效考核指标的引导，员工知道哪些行为是组织提倡且有利于自身的，而哪些行为是组织反对且不利于自身的。将诚信纳入员工绩效考核体系，并将考核结果与员工的薪酬和晋升机会挂钩，可以更好地引导员工的诚信行为。

（三）对利益相关者的诚信

企业的诚信主要体现在其对利益相关者的诚信，因此企业诚信体系建设需要做到对利益相关者的诚信，具体包括以下几方面。

（1）对员工的诚信。人才是企业发展的第一资源，诚信的企业有利于吸引人才，并能有效激励员工，激发员工的工作积极性和自主性。企业对员工诚信，需要按照法律法规与员工签订劳动合同，严格按劳动合同履行承诺，按时支付员工薪酬，为员工提供合理的培训，帮助员工实现职业规划和职业发展，对所有员工一视同仁、公平公正。

（2）对股东的诚信。股东作为企业所有者，控制着企业生存和发展的命脉，是利益的主要分配者和风险的主要承担者。企业对股东诚信，需要做到在经营过程中考虑股东利益、维护股东利益、如实反映经营业绩、保证股东红利等。

（3）对供应商的诚信。一般情况下，企业对供应商具有较强的依赖性，特别是当市场上的供应商较少时。企业对供应商诚信缺失的重要表现，就是其与供应商之间的三角债、拖欠款等。企业对供应商诚信，首先，在签订合同时应考虑供应商的合理利益诉求，考虑到市场价格变动等因素，与供应商建立动态合同机制，以应对市场急剧变化时可能出现的问题；其次，在交易过程中，应按照合同严格履行自己的职责；最后，应按照合同及时支付供应商相应款项。

（4）对客户的诚信。企业的客户可能是其下游企业或消费者，而无论是哪一种类型，企业都需要对其做到诚实守信。企业对客户诚信，则需要严格履行合同、提供质量合格的产品、提供及时且有效的售后服务。

（5）对社区的诚信。企业的发展与社区关系密切，应承担相应的社会责任，做到对社区诚实守信。减轻环境污染、解决社区就业问题、促进社区文明建设等是企业对社区诚信的主要路径。

三、加强对合作商的诚信管理

企业对合作商的诚信管理主要有诚信识别、诚信监管和诚信反馈。诚信识别可以划分为合作前的准入考核和诚信考核；诚信监管为合作过程中的诚信考评；诚信反馈为合作后的相关信息反馈，以及对合作商的优化和基于整个合作过程的诚信保障。

（一）合作商企业诚信管理体系的构成

在市场经济条件下，作为市场基本单位的企业，需要利用市场交换获得自身发展所需要的各种物质资料。这样，几乎所有的企业都需要与其他市场主体进行有效的商务合作。但是，由于市场信息的不透明性，市场机制存在失灵的情况，企业在进行商业交易时，必须保持谨慎，最大可能地控制风险。在所有的风险因素中，除去不可控因素之外，其中最难控制的风险即为企业在选择合作商时常遇到的诚信风险。

合作商是指基于营利性目的，与企业签订合同，进行商务合作的企业、个人或其他组织，如承包商、供货商等。合作商的诚信风险关系到企业交易与合作的成败。因此，必须对合作商进行有效的管理。

有效管理合作商则需要一个合作商诚信管理体系，这一体系是一个完整的闭环系统，包括合作商的准入体系、诚信评价体系、考评体系、诚信保障体系、优化体系等，具体如图8-2所示。

1. 合作商准入体系

合作商准入体系是指合作商是否具备合作的基本物质条件要求，即门槛要求，也就是说一个不具备基本资信条件的企业，即使是诚信的，也无法保障合作的正常进行和结果。因此，在进行合作商选择时，首先必须要求合作商的基本合作条件是满足的。这一准入体系主要核查合作企业的注册资本、合作商资质、合作商信用信息等情况。注册资本是指合作企业在登记管理机构登记的资本总额，合作商资质是指企业是否具备提供相关产品或服务的能力，合作商信用信息情况

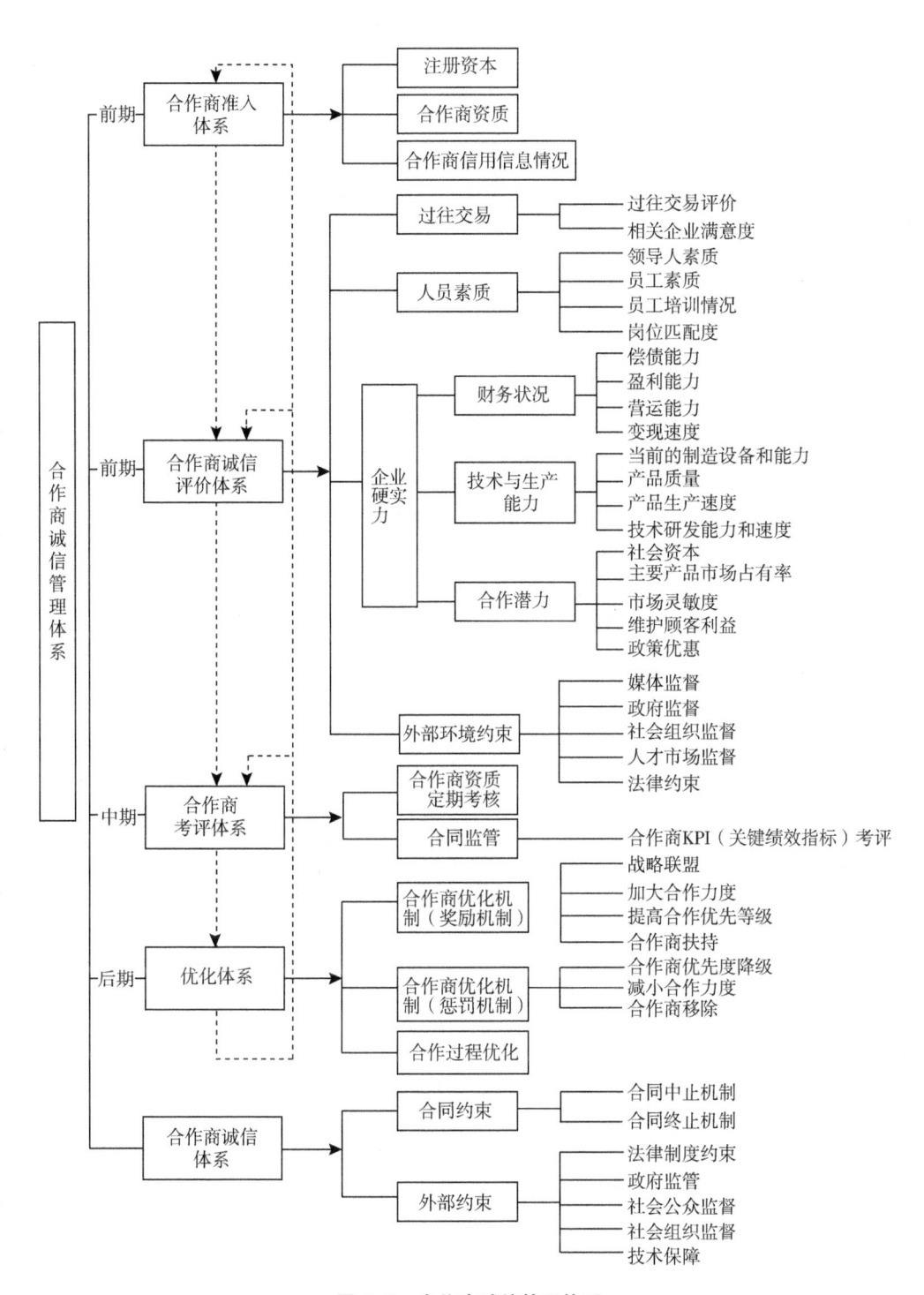

图 8-2 合作商诚信管理体系

是指企业是否在政府官网上被列入企业信用重点关注名单或黑名单。这三项指标从基本条件对整个企业进行初步测量考察，若不满足其中任意一项，则应该移除该合作商。

2. 合作商诚信评价体系

合作商诚信评价体系是对满足准入体系的企业进行进一步详细的测量，客观地甄别选择优质的合作对象。文章结合相关文献成果和实地考察的结果，选取了具有普遍性的6个方面指标进行考评，主要从过往交易、人员素质、财务状况、技术与生产能力、合作潜力和外部环境约束来考察合作对象。

"过往交易"是从合作商的过往交易记录中来测量该企业的诚信程度。这一指标可拆分成两个下一级指标——"过往交易评价"和"相关企业满意度"。

"人员素质"是从企业人员的角度对其诚信进行测量，这一指标可拆分成四个下一级指标——"领导人素质""员工素质""员工培训情况"和"岗位匹配度"。其中，领导人素质和员工素质测量该企业人员自身具备的素质能力，员工培训情况测量该企业是否注重自身员工素质培养，岗位匹配度主要测量该企业人员匹配度等人力资源实力。

企业"硬"实力是对企业具备的财力物力的统称，是对该企业能否实现诚信的物质能力的测量，主要从财务状况、技术与生产能力和合作潜力进行测量。财务状况是对其财务进行考评，主要从偿债能力、盈利能力、营运能力、变现速度四个方面进行测量。技术与生产能力是对其所用的硬件设备的测量，主要从当前的制造设备和能力、产品质量、产品生产速度、技术研发能力和速度四个方面进行测量。合作潜力是从合作者的角度对其财力物力进行测量，主要从社会资本、主要产品市场占有率、市场灵敏度、维护顾客利益、政策优惠五个方面进行测量。

外部环境约束是对企业所处的外部诚信环境进行测量，目的是测量企业所处外界环境的诚信约束力，主要从媒体监督、政府监督、社会组织监督、人才市场监督和法律约束五个方面进行测量。法律约束是指相关法律的完善情况和严肃程度。

对具体指标进行操作性定义，详见表8-1。

表8-1　具体指标操作性定义

指标名称	指标含义
过往交易评价	该企业与合作商的合作评价
相关企业满意度	其他曾与该企业有过合作的企业对其评价
领导人素质	企业主要领导人所具备的道德品质和专业能力等素质

续表

指标名称	指标含义
员工素质	企业员工所具备的职业道德品质和专业能力等素质
员工培训情况	企业对员工进行相关诚信的教育培训情况
岗位匹配度	企业的人员编制是否完备；关键岗位是否缺员以及人职匹配度等信息
偿债能力	企业用其资产偿还长期债务与短期债务的能力
盈利能力	企业获取利润的能力
营运能力	企业的经营运行能力，即企业运用各项资产以赚取利润的能力
变现速度	不在大幅折价下套现的能力
当前的制造设备和能力	企业当前所具有的所有制造设备数量、质量、使用年限、老旧磨损等信息
产品质量	企业所生产的产品合格率等信息
产品生产速度	产品的生产快慢程度
技术研发能力和速度	企业技术研发的投入和产出情况
社会资本	企业在社会结构中所处的位置给它们带来的资源
主要产品市场占有率	企业主营产品在市场中占有的市场份额
市场灵敏度	企业对市场和消费者偏好变化的敏感程度
维护顾客利益	企业是否具备完善的售后服务系统，是否积极维护客户利益
政策优惠	国家或当地政府基于企业的政策优惠和优惠力度
媒体监督	媒体机构对企业进行监督和约束的能力
政府监督	政府对企业进行监督和约束的能力
社会组织监督	社会组织对企业进行监督和约束的能力
人才市场监督	人才市场对企业进行监督和约束的能力
法律约束	相关法律的完善情况和严肃程度

在进行操作性定义之后，可以对以上指标进行实际可行的操作，可以具体依照企业自身需求确定个性化的操作标准。表8-2对具体指标的来源、衡量依据等进行了简单的介绍，企业可以依靠以下几个衡量标准，对合作商诚信进行具体考察。

表 8-2　具体指标的来源和衡量依据

具体指标	指标来源	指标衡量依据
过往交易评价	过往交易记录	不良交易记录比率（或良好交易记录比率）、总交易量等信息
相关企业满意度	访谈或问卷调查	访谈或问卷调查结果
领导人素质	领导人访谈	领导人素质、业务能力等访谈结果
员工素质	企业提供数据	员工学历、技能证书、工作年限、身体素质等信息
员工培训情况	企业提供数据	企业培训次数、培训内容、培训方法等信息
岗位匹配度	企业提供数据	岗位匹配度数据结果
偿债能力	财务报表	财务报表的计算结果
盈利能力	财务报表	财务报表的计算结果
营运能力	财务报表	财务报表的计算结果
变现速度	财务报表	财务报表的计算结果
当前的制造设备和能力	企业提供数据	设备数量、质量、使用年限、老旧磨损等信息
产品质量	质检报告	是否达到国家和行业标准
产品生产速度	企业提供数据	是否满足企业对合作商的要求
技术研发能力和速度	企业提供数据	投入资金、人员数量、申请专利数量
社会资本	企业提供数据	企业领导层在其他组织或企业的任职情况等
主要产品市场占有率	实地调研、公共媒体报道	主要产品市场占有率
市场灵敏度	问卷调查、公共媒体报道	是否掌握市场新动态，并进行了相关行为，推出新产品
维护顾客利益	问卷调查、公共媒体报道	顾客满意度
政策优惠	实地调研、企业自报	当地政府是否给予相关优惠
媒体监督	实地调研	自身的建设完善情况，对企业的监督力度、监督渠道等

续表

具体指标	指标来源	指标衡量依据
政府监督	实地调研	企业的纳税诚信、工商年检结果等信息
社会组织监督	实地调研	自身的建设完善情况，对企业的监督力度、监督渠道等
人才市场监督	实地调研、公共媒体报道	自身的建设完善情况，对企业的监督力度、监督渠道等
法律约束	实地调研、公共媒体报道	法律完善情况，当地相关政策制度的完善情况

针对该具体指标进行具体的评价。表8-3为具体指标的评分标准，这一标准可以依据自身需要进行要求。表8-4为合作商诚信评价结果等级标准表，可以据此表进行不同的合作等级划分。

表8-3 具体指标的评分标准

指标名称	评分标准（根据合作情况自行拟定）
过往交易评价	
相关企业满意度	
领导人素质	
员工素质	
员工培训情况	
岗位匹配度	
偿债能力	
盈利能力	
营运能力	
变现速度	
当前的制造设备和能力	
产品质量	
产品生产速度	
技术研发能力和速度	

续表

指标名称	评分标准（根据合作情况自行拟定）
社会资本	
主要产品市场占有率	
市场灵敏度	
维护顾客利益	
政策优惠	
媒体监督	
政府监督	
社会组织监督	
人才市场监督	
法律约束	

表 8-4 合作商诚信评价结果等级标准表

诚信级别	诚信评价得分范围
AAA	
AA	
A	
B	
C	

表 8-4 合作商评价结果等级标准中，评分等级为 C 即为不合格企业，纳入企业合作黑名单，一般情况下，未来不与其进行任何合作（特殊情况除外）。评分等级为 B 即为合格，初步符合企业合作要求，但仍需进一步的观察考核，在下一次合作时，在进行事前诚信考核时进行扣分惩罚，降低其合作优先度。评分等级为 A 即为良好，比较符合企业的合作要求，给予一定的称号嘉奖。评分等级为 AA 即为优秀，十分符合企业的合作要求，给予一定的称号嘉奖，且在下一次合作时，在进行事前诚信考核时进行加分奖励，提高其合作优先度。评分等级为 AAA 即为卓越（除了具有评分为 AA 的合作表现之外，还需具备特别重大贡献的等级，如对企业合同外的重要帮助；帮助赈灾抗洪，具有突出的社会贡献

等），十分符合企业的合作要求，给予特殊的荣誉称号嘉奖，且在下一次合作时，在进行事前诚信考核时进行更高的加分奖励，提高其合作优先度。具体考核标准可以依据企业具体情况而定。

权重的评估。各指标权重的赋值通过实证结果定量分析后的结果来确定。根据实证结果对各个指标设计了权重，见表8-5。

表8-5 企业诚信识别体系指标和权重

一级指标	二级指标	具体指标	得分
企业诚信识别体系（100）	过往交易（31）	过往交易评价	
		相关企业满意度	
	人员素质（9）	领导人素质	
		员工素质	
		员工培训情况	
		岗位匹配度	
	财务状况（11）	偿债能力	
		盈利能力	
		营运能力	
		变现速度	
	技术与生产能力（11）	当前的制造设备和能力	
		产品质量	
		产品生产速度	
		技术研发能力和速度	
	合作潜力（11）	社会资本	
		主要产品市场占有率	
		市场灵敏度	
		维护顾客利益	
		政策优惠	
	外部环境约束（27）	媒体监督	
		政府监督	
		社会组织监督	
		人才市场监督	
		法律约束	

3. 合作商诚信保障体系

合作商诚信保障体系是指在合作过程中，为了更好地使合作商履行合同、遵守诚信原则、维护自身利益，企业对有失信行为或者无法履行合同的合作商设立的合同约束机制，即合同中止机制或合同终止机制。合同中止机制是指发现合作商无法诚信履行合同义务时，企业有权暂停合同、暂停合作。合作商此时需根据企业要求重新整合调整，以满足合作需要，企业根据合作商调整结果进行下一步决策，决定继续合同或终止合同。合同终止机制是指企业发现合作商在执行合同过程中出现重大异常现象，或者在定期审核时合作商不能通过审核，不再满足合作要求，企业直接终止合同。合同中止机制和合同终止机制是两种不同程度的合同约束机制，并不存在顺序上的先后，企业可以根据合同和实际情况具体选择哪一种机制。

4. 合作商考评体系

合作商考评体系是指企业与合作商共同管理合同以及企业对合同执行情况跟踪考察和评价，由于合同的签署无法预计每一种情况，在实际操作中，合作双方可以根据实际情况，相互协商沟通，对不满足实际情况的条款进行适当修改。此外，企业通过合同协管，对合同进行跟踪检查，判断合作商是否秉持诚信原则，是否侵害企业利益。由于过多地干预合作商的合同履行情况可能会给双方带来更大的操作难度，因此，企业可以采用 KPI 考核方式，对几个关键绩效指标进行考核即可。而对于评价结果，可以很好地运用于合作商优化体系。在进行合作商考评时，应遵循以下三个原则：第一，客观原则。只有保证考评过程是客观的，考核结果才可能是真实的和可信的，才能真正地保证后续合作商选择的优化。第二，及时性原则。每次合作，都应该在合作结束后及时对合作商进行考核。在合作过程中，应及时收集有关信息，对相关信息进行及时记录和处理，编制相关考核报告，并及时将相关信息进行上传。如此可以更好地保证考核信息上传的及时性，同时也可以保证信息的可靠性和时效性。第三，准确性原则。信息的收集记录应该来自直接接触合作工作的员工，以保证信息的真实准确。同时，在信息的处理过程中，也应保证信息的准确性，避免信息失真。

5. 合作商优化体系

合作商优化体系是指双方合作结束之后，企业对下一次交易方选择的优化，主要包括奖励机制和惩罚机制，企业可以通过设立这一体系，对合作商进行优化和淘汰，从而能进一步降低自身风险，并对表现优良的企业进行激励，对表现不良的企业进行淘汰。奖励机制是指对合作过程中表现优良的企业的等级优化，主要有加大合作力度、提高合作优先等级和合作商扶持三种奖励方式，企业可以根据实际情况,选择其中一种或多种进行奖励,如企业可以设立普通型、优先型、伙伴型三种合作商,并根据这三类合作商给予不同程度的优先合作次序和合作力度。甚至,对于表现十分优秀的合作商,为了保持进一步的长期合作,企业可以对合作商进行一定的扶持帮助,确保两者关系的长期稳定向好发展。

(二)合作商诚信管理流程

在明晰以上各个体系之后,要将各体系融入整个管理流程的全过程之中,在进行合作商诚信管理中,要清楚整个管理流程。合作商管理是一个复杂的过程,涉及步骤繁杂,包括前期合作商选择、中期审核、后期优化和后续开发等一系列活动。在合作商诚信管理流程中,我们需要对各个环节进行控制管理,保证合作的顺利完成。合作商诚信管理流程如图8-3所示。管理过程主要划分为前期、中期和后期管理。

1. 战略需求计划

不同于普通的项目计划的概念,战略需求计划是为满足企业长期发展规划所制订的。战略需求计划通过对未来制订计划,旨在通过有计划的内外部资源交换,实现企业目标,并综合具体计划来明定资源的获取和分配。而在制订战略需求计划前,企业应首先进行市场分析以及战略需求分析。

战略需求计划的开发分为三个层次:组织或企业层次、项目层次(或事业部层面)和职能层次(图8-4)。

(1) 企业层次需求战略计划。企业层次的战略计划是每一个企业未来发展的设想目标,是每一个企业发展都必有的计划。组织或企业战略计划一般都是由企业领导成员决定的,他们通过这一决策和计划将自身的追求内化为整个组织的利益和计划,组织或企业战略计划主要回答如下的问题。

①组织开展什么样的项目?
②如何在这些项目中分配资源?
③在哪些方面开展这些项目?
④项目目标是什么?

这些决策直接关系到组织内部各个层次间的资源分配,也关系到外部资源的管理和运用,如合作商管理和运用等。

(2) 项目层次需求战略计划。一旦确定了组织开展什么样的项目,就必须制订计划以保证此项目的成功运作,其中,最为关键的是满足此项目的资源需求。"巧妇难为无米之炊",若项目的资源需求无法得到有效的满足,则该项目很难得到有效的执行。项目层次需求战略计划回答的是企业应如何提供资源以保障目标的有效实现。

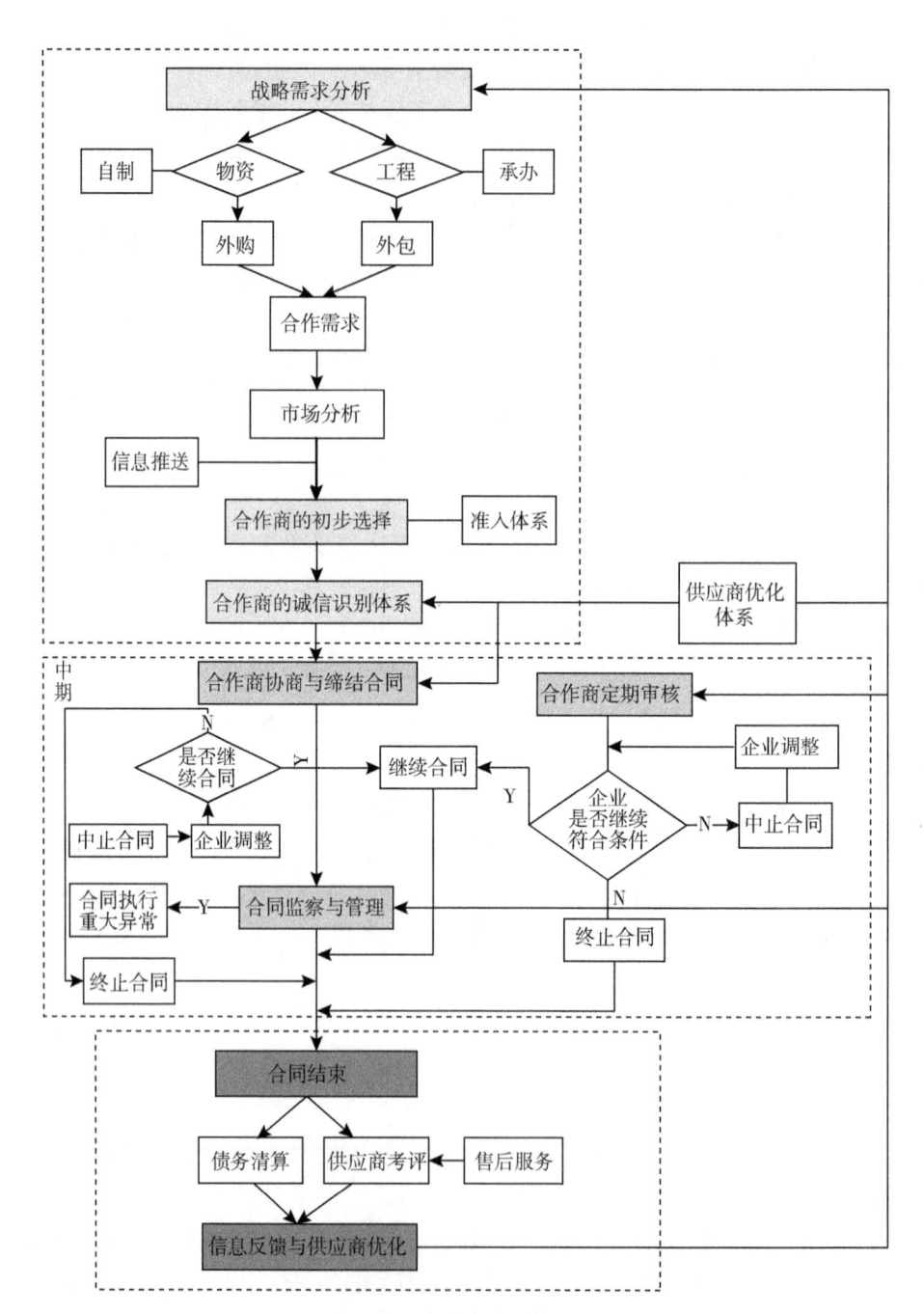

图 8-3 合作商诚信管理流程

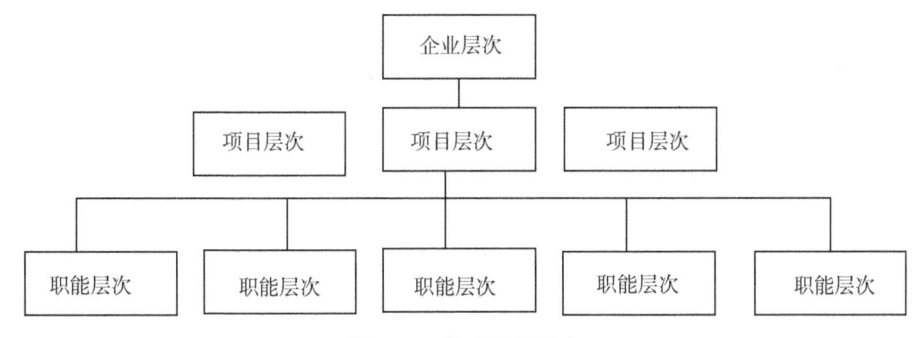

图 8-4　战略需求层次

（3）职能层次需求战略计划。职能部门通过对项目计划进行进一步的任务划分，支撑项目计划的实现。为了保障项目计划的实现，职能层次需求战略管理的核心工作是围绕公司的战略计划和生产计划制订计划，包括需求量的满足、资源的获取方式等。所有的职能部门不仅需要对自身工作任务进行有力的把握，还需要相互沟通、通力配合，制订方案，满足各方需求，尽最大的可能通过各自的职能达成企业战略目标。这其中，职能部门产生的资源需求也应进行规划和满足。职能层次需求战略计划回答的是职能部门如何运用好各职能，满足计划所需要的各项资源需求。

企业各层次的需求战略保持一致对组织目标的实现十分关键。为了实现组织战略计划，仅仅从需求方面进行外界资源的规划是不够的，还必须从内部着手，如绩效计划、薪酬方案等都应与计划相适应。

（4）战略需求分析。战略需求分析的目的是确定自身需求，以及需要使用何种方法、如何从外界引入多少资源或服务。这一需求分析直接决定了企业或组织与外界如何进行资源交换、交换多少等问题。在进行战略需求分析时，应回答好以下几个问题（表 8-6）。

战略需求分析是一项复杂又烦琐的工作，涉及企业组织的各方面，需要各部门的积极配合，同时，又是企业生产、经营等活动的基础，直接影响企业的后续发展，需要专业的技术工具和人员运用统计分析法来定量地准确地进行。目前常用的需求分析方法有统计分析法、推导分析法、ABC 分析法、结构化分析方法、面向对象的分析方法和面向问题域的分析方法[1]等。

（5）需求计划制订的原则。需求计划的制订不是毫无根据的，其制订的过程必须是科学的，满足 SMART 原则，即①明确性；②可衡量性；③可实现性；

---

[1] 详见 https://wenda.so.com/q/1369386009060026。

表 8-6　战略需求分析

1. 需要什么？	6. 价格多少？	8. 怎样？
制造或购买	额外费用	体系和程序
标准化产品还是差异化产品	标准价格	计算机化
2. 重点？	较低的价格	谈判
质量还是成本	基于成本的价格	竞标
供应商的参与程度	基于市场的价格	定标
3. 多少？	租赁／制造／购买价格	空白订单／延期交货订单
大量还是少量（库存）	7. 在哪里？	群体购买
4. 谁？	城市，区域	物料需求计划
集中还是分散	国内，国际	长期合同
员工素质	大还是小	采购调查
高层介入	多来源还是单一来源	价值分析
5. 什么时候？	供应商周转率高还是低	9. 为什么？
现在还是以后	与供应商的关系	目标一致
提前购买	供应商的资格	市场原因
	供应商所有权	内部原因

④相关性；⑤时限性。这一原则是需求计划能够稳定实现的重要保证。

2. 市场分析

市场分析是指企业运用科学的方法，有目的地收集外部环境的资料信息，分析市场情况，为之后的需求计划的制订提供客观的外界环境分析。基于合作商视角，企业进行市场分析的目的是寻找优秀的潜在合作商，以及更好地确定与现有供应商之间的关系。

3. 信息公布和合作商初步选择

在制订战略需求计划之后，企业可以依照战略需求计划，对外公布自身需求信息，并主动寻找合适的合作商，如对于大型项目或订单等，可以采用招投标的方式。但在企业面对众多合作商时，为了很快地筛选、去除一定的不符合企业合作要求的企业，可以事先设定合作商准入机制，对于不满足要求的合作商，企业应首先给予淘汰，节约决策时间。

4. 合作商诚信评价体系

在初步选择合作商之后，企业依旧会面对较多的竞选者。为了更好地从众多的合作商中挑选出最符合自身需要的合作伙伴，本文根据已有文献研究和社会现状，总结出合作商诚信评价体系。从诚信执行能力、诚信品质、过往交易、外界约束四个角度，共计8个方面，如图8-2所示，对企业诚信进行研制，方便企业对合作伙伴进行系统的科学衡量，甄选出优质的合作商。在进行合作商优选时，企业应根据自身实际，对以上指标进行优先级的设定，对于优先的指标给予更高的权重。同时，在进行合作商选择时，企业应有备选方案，应对特殊情况的发生。

5. 合作商协商与合同缔结

在选择好合作商之后，企业应与合作商进行进一步的协商，协商的内容主要为制定合作期间各自的权利和义务，确定各项条款，在符合法律规定和双方满意的情况下，双方制定合作合同。

6. 合同监督与管理

在进行合作期间，企业主要可以通过两种手段对合作商进行监督和管理。第一种手段为合作商绩效管理。由于在进行合同协管过程中，企业不便过于插手合作商的生产经营活动，因此，在进行合同监督与管理时，企业可以采用KPI的方法，对合作过程中的重点指标进行考核。而当企业发现合作商在执行合同时出现可能会导致合作失败、违约等的重大事件时（如违法、偷工减料、重大事故等），企业可以按照合同，启动合同中止机制或者合同终止机制。

7. 合作商定期审核

合作期间，企业对合作商的另外一种监督手段即为合作商的定期审查。企业可以设定相关指标，合作商定期将这些数据资料分享于企业。这些指标主要从整体上测评合作商是否依旧具备执行合同的能力和品质。若发现合作商在合作过程中已经不具备相关能力和品质，企业也可以按照合同启动合同中止机制或者合同终止机制。

8. 合同结束

合同结束之后，应做好收尾工作，主要分为两部分：一部分为债务清算，一部分为合作商考评。债务清算主要为合同结束后进行货款支付，合作双方应按时交付足额的债款，不应拖欠、少付等，以减少合作产生的负面效应。对于违约、合作不成功的合同，应积极协商，采取法律手段积极维护自身权利。合作商考评是合作商管理的核心，是对整个合作过程的考评，这一考核结果可以为企业提供优化信息，企业可以据此对合作商进行优化（加大合作力度、淘汰合作商等）。

此外，合作商评估的目的应该是和合作者一起取得更好的合作绩效，双方都得到最优的结果，而不是简单地对合作商进行优胜劣汰和方法防范，以往的评估往往只侧重于判断合作商是否合格，这违背了合作商评估的初衷。企业应该建立一套合作商评估体系，基于统一的评估范畴和评估标准，对所有的项目领域和经营范围内的重要合作商进行评估并实施有效管理。一般而言，合作商评估体系应包括评估标准的建立；供应商绩效信息的收集统计、打分、公布评估结果；合作商奖惩以及制订合作商改进目标和措施等[1]。

9. 信息反馈与供应商优化

信息反馈与供应商优化是对合作商考评结果的运用。通过信息反馈，企业可以很好地对合作商进行管理，这一信息运用可以很好地为企业下次战略需求决策提供有用的意见和观点，使企业可以更好更准确地制订战略需求计划，改进整个过程中不完善的地方。同时，通过合作商优化体系，企业可以很好地激励和筛选合作商，大大地降低企业面临的风险，为企业寻找更好的合作伙伴。

第三节　共享经济下的诚信建设

一、政府与企业合力

虽然一些共享平台通过评分法、芝麻信用等对共享参与者进行信用管理与约束，但这样的信用评价方法比较片面，尤其是双方互评的方式更容易产生虚假评分现象；各平台各自为政，缺乏相关政府部门的公共信用信息做数据支持；使用者在一个共享平台失信后仍然可以注册相似共享平台，这样又会引起一系列资源的浪费破坏。各共享平台企业内的客户信息不连通使得信用信息缺乏完整性与权威性，不利于共享经济的长远发展。因此，应考虑政企合力，对信用信息进行归集、存储、处理、使用，构建并完善涵盖政企各类信用信息的信用体系，将双方优势发挥出来，为共享经济发展提供更全面和可靠的服务。

截至2017年底，全国信用信息共享平台已联通44个政府部门、各省区市和50多家市场机构，信息归集量超过132亿条。进入2018年，全国信用信息共享平台二期工程将进行验收，届时信用信息采集方式将更加多样，信用信息归集共享"总枢纽"作用更加凸显，预计信用信息归集共享质量和数量将大幅提升。[2]

---

[1] 梁军，张露，徐海峰. 采购管理[M]. 北京：电子工业出版社，2019.

[2] 信用中国网，https://www.creditchina.gov.cn/xinyongdongtai/buwei/201801/t20180103_105525.html.

共享经济发展使失信惩戒机制在更大范围发挥作用成为可能。政企可联合建立公平公正的个人信用信息平台，将客户在共享经济活动中的失信行为与征信记录挂钩，运用负激励加大对失信者的惩罚力度，失信所付出的高昂成本在一定程度上会对客户行为形成外在约束，促使其自觉遵守诚信规则。

二、企业自身与联合

一是共享平台企业与征信机构合作，加强对用户的信用鉴别和管理。对芝麻信用平台的数据分析结果显示，2017年4月通过调用"信用分"参与共享经济活动的用户数比2016年1月增长了3.7倍。截至2017年4月，芝麻信用平台为用户提供免押金额合计超过313.8亿元；其中共享单车行业累计24.6亿元，享受免押金服务用户总数约1 638万。[①] 信用免押金服务改变了传统商业模式中用押金解决信任的问题，取而代之与信用信息挂钩，一方面对相关主体给予守信行为优惠政策，正激励促使守信者继续遵守承诺；另一方面使信用达不到条件的主体意识到自己还需努力提升信用等级才能享受到更优惠便捷的服务。

二是平台企业应利用大数据监测，健全相关主体信用信息记录，强化对资源提供者的身份证校验、绑定实名制手机号和银行卡等身份认证，进行信用评级和信用管理；为提升信用评价信息的全面性，相似共享平台可联合构建客户信用信息库；依法加强信用记录、风险预警、违法失信行为等信息在线披露，如若物品在约定需完好保护下有损毁或遗失，会将该失信行为记录在个人信用信息之下，在进入另一个平台进行交易时，会出现同步信用评价信息，以此来全面评价相关主体信用。

三、多方参与

共享经济的高速发展给生活带来便利的同时，也存在不少安全与诚信隐患。诚信的建立需要承诺各方共同加入对诚信进行维护，做到既有约定承诺的意愿，也有履行承诺的行动，达成双方互信，以诚信立本，诚信合作。国家可以构建一种多层次化、多元化的信用评价机构体系，构建一种具有广泛覆盖面的科学化评价指标体系；司法部门健全法律法规营造诚信环境；政府部门加大企业诚信管理和惩戒力度；企业自身在建立好征信机制的基础上，明确自身责任，做到对消费者的承诺以取得双方互信，树立诚信企业形象，借助诚信体系提升企业的市场竞

---

① 国家信息中心分享经济研究中心，蚂蚁金服研究院. 信用助力分享经济发展研究报告 [R/OL]. [2018-07-05].

争力,可以让企业信用在企业品牌建设过程中发挥积极的促进作用;消费者应遵守法律法规,诚信从自己做起,从小事做起,维护自己权利的同时要履行好相应的义务。

诚信教育应从小做起,诚信教育已纳入中小学思想品德课程,通过系统教学让诚信观念和意识深入人心;加强信用管理专业学科深入研究和人才培养,为共享经济发展中的诚信体系建设提供人才储备。另外,还要加大社会诚信宣传工作力度,充分利用网站、广告、新闻等媒介宣传诚信观念,营造社会诚信氛围;树立诚信典型,表彰诚信行为,惩罚失信主体,努力增强各类社会主体的诚信意识。

第九章

完善企业诚信建设的保障机制

企业诚信缺失受到多种因素的影响，是多种因素共同作用下的结果。因此，要从多个方面出发，共同发力，才能从根本上根治诚信缺失。要保证企业诚信机制能够有效地得到执行，保障企业诚信机制的严肃性、强制性和规范性，不仅需要企业自身的努力，也需要外界完整的配套机制以对其进行保障支撑。没有这一配套机制，企业诚信就是孤岛。因此，外界环境也应建立一套行之有效、有理有度的保障机制。保障机制对企业诚信体系建设而言，具有保护和保障其约束力、引导市场主体行为等作用，对体系建设的发展完善起到维护效果，为诚信机制的发展和完善提供有力的支撑，保证企业诚信体系的健康和可持续发展。

要完善企业诚信建设的保障机制，需要从多个方面着手，在考虑建设完善的内部保障机制的同时，也要考虑外部保障机制的发展完善。本文认为应从外界监督保障、政府保障、法律与制度保障、技术保障四个方面来构建企业诚信建设的外部保障机制。

第一节 外界监督保障

企业在建设企业诚信过程中，需要外界的监督来防止企业不诚信行为的产生。外界监督的作用机理就是让企业受到监督，从而最大限度减少企业可能产生的非诚信行为，以确保企业诚信体系更好地建设。

一、建立完善独立的外部审计体系

外部审计机构属于第三方独立机构，与企业不存在行政上的依附关系，其一般受甲方委托，遵守法律法规，按照一定的方法和程序执行审计行为，对国家相关权力机构和社会公众负责。与内部审计相比，外部审计更具有客观性和可信度，外部审计一般分为国家审计和社会审计。

社会审计以市场为导向，在减小社会信息不对称、审查监督企业行为、维护市场秩序等方面发挥着巨大的作用。其具有审计人员资源较丰富、审计人员职业素养高、审计人员经验丰富等优势。

国家审计是指国家审计机关根据有关法律法规对国家机关、行政事业单位和国有企业执行政府预算收支情况和会计资料实施检查审核、监督的专门性活动。我国的国家审计是由法律强制执行的，是一种法定审计。本文阐述的国家审计主要是指对国有企业进行的审计活动。其独立于注册会计师行业之外，是国家单独设置的审计机构，对社会审计可以起到有效的引导和监督作用。"随着社会主义市场经济的进一步发展，对我国审计事业的要求也越来越高，对审计深度、质量、范围、专业化等提出了更严格的要求"[①]。

（一）建立审计机构诚信评价机制，规范外部审计市场，建立行业诚信环境

政府业务主管部门或相关协会单位可以建立一套审计主体的诚信评价机制，定期对审计主体进行信用评价，将相关信息公布于各大平台，并建立严重失信的审计主体强制淘汰机制，将诚信机制纳入行业淘汰机制之内，从而约束审计主体行为，规范审计市场。值得注意的是，这一诚信评价机制必须是客观的，避免主观带来的消极后果。

（二）改变审计的付费方式

我国如今的审计付费方式为委托主体直接付费给被委托的审计机构，这就导致企业和审计单位之间存在直接的利益关系。为了消除委托企业对审计机构的利益影响，保证和约束审计机构依据客观实际进行审计行为，可以尝试改变审计的付费方式。企业将审计费用交予可以监督审查审计机构的政府主管部门或者相关协会，由政府主管部门或者相关协会对审计机构的审计结果进行监督审查，若出现不真实的审计报告，可以依照规定，扣除部分或没收其应收费用，从而更好地监督和约束审计机构的审计行为，保证审计质量，提升行业公信力。

（三）建立监管部门

国家设立独立的审计监督委员会，由会计审计界、法律界、经济界、金融界专家和必要的工程技术领域专家共同组成，直接受专门法律的规制与约束，依照法律引导注册会计师行业发展的方向和规模，警戒注协（注册会计师协会）及注

---

① 曹伟.关于政府审计与社会审计协调的若干探究［J］.中国商论，2017（11）：150.

册会计师、会计师事务所的执业行为[①]。

（四）社会审计和国家审计联动

外部审计还存在资源的不合理使用等现象，这也严重影响审计机构的审计质量，社会审计和国家审计具有各自不同的优势和劣势，同时又具有一定的共性。社会审计和国家审计可以取长补短、相互合作，做到资源的合理运用，做到资源使用的协调，达到 1+1>2 的结果。因此我们可以整合国家审计和社会审计的资源，共同为社会治理发力，具体可以从以下几点进行。

（1）做到人才有机结合。由于我国国有企业工作量巨大，具有广泛的审计需求，而我国的国家审计人员相对有限，无法完成如此庞大的工作量。同时我国的社会审计具备很好的社会资源，可以很好地帮助国家审计机构完成相关工作。所以国家审计机构可以视具体情况而定，依据公开、公平、诚信等原则，委托社会审计机构完成某些审计工作。这既可以减小政府审计机构的工作量，也可以合理利用市场资源。

（2）做到资源共享。国有企业在生产经营中，也会委托社会审计机构帮助其审计财政等相关经济事项，而政府审计机构有些审计事项会和其交叉重复，造成了重复审计。因此，在国有企业的审计过程中，可以直接将有资质的社会审计组织的结果进行利用，避免重复，从而减轻国家审计人员负担。

（3）做到技术和方法的共享。社会审计和国家审计各有优势，各有不足。因此，在实际操作中，双方可以相互沟通交流，相互借鉴，取长补短，共同进步。

（4）做到相互协调。社会审计基于市场需求而存在，国家审计基于对政府工作的审计而产生，因此二者的工作各有侧重。为了达到更高的效率，二者应明确各自的职责和任务。社会审计应遵守相关法律法规，适应市场，不断改进自身的不足，国家审计也应明确自身除了相关审计工作之外，还应起到引领作用，担当社会审计的监督者。同时，二者也应相互协调相关审计工作，共同发展进步。

（5）做到优势互补。在市场的发展过程中，许多社会审计机构为满足不同的客户需要，逐渐发展出各自的侧重点和独特的优势。因此，在不同的审计领域，不同的审计机构可以组成一些交流平台，相互沟通，通过合作等方式优势互补，发挥更好的效用和效率。

（6）做到审计结果的规范性和协调性。社会审计和国家审计由于自身存在一定的差异，其审计结果虽然具有一定的相互借鉴性，但是依旧具有一定的差异。

---

① 梁贻昌. 我国独立审计诚信分析与研究［J］. 财会通讯，2011（21）：45–47.

此外，不同的社会审计机构的审计结果也各有不同，为了更好地进行优势互补和资源共享，政府可以进一步协调和规范相关审计技术和审计结果，去除差异性的表述等隔阂，使双方有效借鉴和使用相关审计结果。

二、加强社会组织对企业的监督

社会组织是人们为了有效地达到特定目标，按照一定的宗旨、制度、系统建立起来的共同活动集体[①]。在社会治理中，社会组织发挥着巨大的作用。社会组织数量多，受政府支持，代表着各色各样的社会利益，社会组织的影响力已经渗透到社会的方方面面。在企业诚信监督机制中，社会组织也发挥着强有力的监督作用，社会组织通过对企业失信行为进行披露、谴责和警告，约束企业行为，保障社会运作和谐有序。

（一）加强社会组织建设，促进社会组织发展

社会组织也属于"经济人"，也存在追求自身利益的动机，也会出现背离公共利益的现象。为了社会组织自身的健康发展，保证其正确合理地发挥其社会职能，加强社会组织建设是必要的。

（1）改革完善社会组织的登记注册制度，降低社会组织的登记注册门槛，降低对社会组织的硬性约束，完善分类等级注册管理制度[②]。我国对社会组织实行双重管理的登记注册制度，社会组织必须先通过业务主管单位的前置审查，才能到民政部门登记注册，这提高了社会组织的登记注册条件。此外，政府可以继续降低现有法律对社会组织成立时的资金、人员等门槛要求。同时，面对类型多样的社会组织，也可以尝试多样化的登记注册方式，并给予其差异化的法律地位和权利。

（2）完善对社会组织的税收优惠政策，通过税收政策对社会组织进行激励和引导。因此，可以借鉴陈成文和黄开腾的观点，由社会组织自主向相关部门提交税收优惠申请，相关部门建立完善的、具有差异性的税收优惠标准，严格依据相关标准，根据其对相关公益事业的贡献给予一定的优惠政策，以此激励社会组织的积极性。同时，也应进一步完善捐赠者的优惠政策，建立更完善的、差别化的和更具针对性的优惠政策。

（3）扩宽社会组织的资金筹集渠道。税收优惠政策和资金筹集是社会组织资

---

① 刘军. 公共关系学 [M]. 北京：机械工业出版社，2006.
② 陈成文，黄开腾. 制度环境与社会组织发展：国外经验及其政策借鉴意义 [J]. 探索，2018（1）：144-152.

金来源的重要渠道，是社会组织健康生存的重要基础。由于社会组织本身缺乏营利能力，其常常面临资金缺乏的状况，无法有效地执行相关社会职责，甚至难以继续存活。因此，扩宽其资金来源渠道是十分必要的。首先，政府可以购买社会组织服务，让社会组织有偿为政府服务，政府也可以通过这一方式对社会组织进行资金扶助。其次，鼓励社会组织引进和发展先进的管理、运营等专业技术，完善社会组织内部治理结构，优化社会组织的内部环境，使其具有更加优秀的社会服务功能。

（4）构建全面的社会组织监督机制。社会组织是具有公益性和公信力的组织。缺乏公信力的社会组织就失去了生存和发展的基础和价值。因此，保证其公信力是至关重要的。首先，应建立第三方监督机制。这一机制应具备独立性，且具有较高的公信力。借鉴英国等国的经验，可以建立独立于政府的第三方机构。政府可以通过权力下放，如规定只有注册为该组织会员的社会组织才可以享受相关的政策优惠，赋予第三方机构地位和权力，借助第三方机构对登记注册的社会组织进行专业化的监督。其次，应进一步完善信息公开制度。社会组织的相关信息除了在自身建立的平台及时公布自身所有的（未涉及国家机密）相关信息，还应在相关政府平台、第三方监督机构等平台网站进行信息公布，保障公共组织能够便捷地对社会组织进行监督。再次，建立公信力评价机制。政府组织应建立社会组织的公信力评价机制，对社会组织进行公信力评价，并依次对社会组织进行不同程度的扶持。最后，健全社会组织发展的相关法律体系。法律是社会组织健康发展最有力的支撑和保障，我国应进一步保障社会组织的市场主体地位，完善社会组织基本法律法规，制定更加精细化、完整化的法律体系，并配套完善的制度政策。

（二）拓宽社会组织对企业的监督渠道

（1）企业应和社会组织加大合作力度。社会组织往往代表着公众利益诉求，能有效监督企业行为，约束企业人员诚实守信。企业应认可社会组织的监督职能，主动接受社会组织对企业进行监督。社会组织也应积极与企业商讨合作机制，拓宽对企业的监督渠道。

（2）政府委托。政府通过购买服务，委托社会组织对企业进行诚信监督，在对社会组织进行资金扶助的同时，也充分利用社会组织的相关能力和资源，发挥社会组织的社会职能。

（3）健全社会组织监督企业的相关法律法规，如法律上保障相关社会组织对企业行使监督权力等。

(三)规范社会组织对企业诚信的监督权力

社会组织在行使监督权力时,应坚持以下几点原则。

(1)我国的社会组织在监督企业时,应注意使用正确的方式和方法,符合法律规定和道德要求。社会组织在对企业进行监督时,应正确认识在行使权力时,要通过正确的方式和渠道,避免对企业造成骚扰,侵犯企业的合法利益。政府也应规范社会组织对企业的监督程序和方法,避免发生冲突,或者社会组织借助权力威胁企业。

(2)实事求是。社会组织应对企业失信行为进行客观的报道,避免"妖魔化",避免舆论暴力等情况的发生。

(3)公正公开。社会组织在监督企业时,应将自身置于阳光下,避免欺骗现象的发生,提高社会组织公信力。

(四)加强行业协会商会对企业的监督作用

在社会组织中,行业协会商会对企业诚信的监督影响尤为独特,其约束力也较为有效。行业协会商会,是介于政府和企业之间的第三方独立组织。行业协会商会对市场配置资源和政府调控具有补充作用,可以补充性地解决如信息不对称等市场外部性问题。而相对于政府而言,行业协会商会更贴近市场,更了解行业、企业和市场信息,其决策和运行更容易被会员企业监督[1]。行业协会商会具有监督等社会职能,"行业社团通过制定行业规章等,引导企业自律和改善经济社会风气,缓解行业内部、行业与行业之间、政府与行业之间相互的利益冲突[2]",能够"对本行业产品和服务质量、竞争手段、经营作风进行严格监督,维护行业信誉,鼓励公平竞争,打击违法、违规行为[3]"。行业协会商会的发展是市场经济体制改革的必然趋势,发挥行业协会商会对企业诚信的监督作用,也是市场经济的要求。本节从行业协会商会为切入点,探讨如何完善企业诚信体系建设。

(1)加快职能转变,明确角色定位。2015年,中共中央办公厅、国务院办公厅联合颁布《行业协会商会与行政机关脱钩总体方案》(简称《脱钩总体方案》),要求各级、各部门经过两年左右时间,通过"五分离、五规范",有序推进脱钩,完善体制机制。[4]这一进程的实施使得行业协会商会开始面临转型挑战。行业协会商会面临自身基本属性发生变化,其职能需要重新进行定位。行业协

---

[1] 郑江淮,江静.理解行业协会[J].东南大学学报(哲学社会科学版),2007(6).
[2] 郁建兴.行业协会:寻求与企业、政府之间的良性互动[J].经济社会体制比较,2006(2):120.
[3] 张新文,潘思柳.我国行业协会理论发展研究综述[J].学会,2009(4):5.
[4] 《行业协会商会与行政机关脱钩总体方案》(中办发〔2015〕39号)。

会商会应牢牢抓住服务这一核心职能，通过传递行业和市场信息以及协调会员关系、代表会员利益等方式[①]实现自身价值，并实现会员和协会互益。

（2）健全行业信用状况评价制度和信用档案，落实红黑名单制度。我国的行业信用信息评价标准并不统一和规范，其内容缺乏行业特色，导致许多评价标准信度和效度较低。因此，行业协会商会应建立和完善行业信用信息评价标准，推进适合本行业的信用信息评价标准建设，在此基础上，建立完善的企业信用档案，并及时公布。此外，应落实企业信用红黑名单制度，完善其认定、发布等程序，对信用良好的红名单企业和失信的黑名单企业依规进行及时的信息公布。

（3）完善信息沟通管理平台，建立信息共享机制。在行业信用体系建设中采用规范的模式进行设计，信用信息格式、接口、信息采集与公示方式等遵循规范的格式，为实现跨行业及跨部门的信息互联互通，最终实现全行业、全国信用信息数据库奠定基础[②]。同时，建立不同行业的信息交流管理平台，规范信息公布程序并共享信息，各行业协会商会应多方沟通，协调各方利益，加快建设行业信用信息归集共享制度。

（4）建立信息公开制度，加快自身信用体系建设。扩宽信息公开渠道，及时将相关企业信用信息公布于各方平台，也可以借助政府平台、新闻媒体等平台，及时向公众公布相关信息。同时，行业协会商会自身也应做到在阳光下服务，加快自身信用体系建设，建立严格和规范的制度标准，定期向会员公开年度工作报告、第三方机构出具的报告、会费收支情况以及经理事会研究认为有必要公开的其他信息。面向社会及时公开登记事项、章程、组织机构、接受捐赠、信用承诺、政府转移或委托事项、可提供的服务事项等；公开运行情况、财务年报、重大资产变化等，接受社会监督[③]。

三、加强新闻媒体对企业的监督

媒体监督是一种有效的社会监督形式。新闻媒体拥有众多的信息传播渠道和庞大的信息接收对象，能够将企业的失信行为公之于众，减少市场信息不对称现象，监督企业诚信。

从利益相关者的角度出发，通过新闻传播，利益相关者可以了解更多的企

---

① 张建民. 全面深化改革时代行业协会商会职能的新定位 [J]. 中共浙江省委党校学报，2014，30（5）：29-37.
② 毕俊杰，张靖，谢瑶. 行业协会商会信用体系建设研究 [J]. 宏观经济管理，2018（4）：80-85.
③ 毕俊杰，张靖，谢瑶. 行业协会商会信用体系建设研究 [J]. 宏观经济管理，2018（4）：80-85.

业相关信息，并将相关新闻信息作为决策依据，理性判断，改变对企业的相关行为，对企业形成压力，从而影响企业对诚信行为的选择，迫使企业诚实守信，减少企业失信行为。

从企业自身出发，新闻媒体通过曝光企业的失信行为，在社会上造成强大的舆论，给予企业巨大的舆论压力，这些舆论会导致例如产品销量减小、股票价格降低、企业声誉降低、大批客户丢失、相关失信人员受到社会的谴责等后果。为了保障自身的声誉，企业人员也会主动避免不合法、不合理的利益交易，减少失信行为。此外，接受新闻媒体的监督，对企业也是有益的。有研究显示，新闻媒体的监督可以有效加快上市公司内部控制制度的演进进程[1]，显著改善内部控制质量[2]。

新闻媒体的监督是法律机制监督的有效补充，可以有效监督企业失信行为。要加强新闻媒体对企业的监督，可以从以下几个方面出发。

（一）完善相关法律法规

（1）应建立新闻媒体的保护机制，可以适当提高新闻媒体名誉诉讼门槛，明确媒体的什么行为属于侵权行为，严格遵循相关处理原则，保障新闻媒体的权利，鼓励新闻媒体对企业进行监督报道。

（2）引导和约束新闻媒体规范、有效地对企业进行监督。由于新闻媒体自身存在利益诉求，其在报道相关新闻时可能会受到利益的驱使，可能会夸大报道、扭曲报道等，引发舆论风波。此外，新闻媒体不正当的行为会侵犯企业商业隐私，造成不良的社会影响。因此可以从法律上引导约束新闻媒体对企业的监督，建立完善的对新闻媒体的监督机制，约束新闻媒体，规范媒体行为，避免造成不良后果。

（二）提高新闻媒体工作人员的素质

新闻从业人员的素质高低是影响新闻质量的关键因素。

（1）新闻工作人员应具备良好的职业素养，对工作认真负责，自觉抵制诱惑，客观阐述，真实报道。避免受到贿赂、虚假报道、夸大报道、偏颇报道。

（2）新闻工作人员应具备良好的业务素养，熟悉相关法律法规，明确相关事件的前因后果，避免盲目跟风、错误报道，影响公众对事件的理性判断。

（三）新闻媒体应注重自身价值追求和内部治理

在新闻报道时，新闻媒体可能会受到外界利益的诱惑或者自身利益的驱使，

---

[1] 袁蓓.政府干预、媒体监督与企业内部控制制度[J].财会通讯，2017（3）：54.
[2] 张萍，徐巍.媒体监督能够提高内部控制有效性吗？——来自中国上市公司的经验证据[J].会计与经济研究，2015，29（5）：102.

进行不真实报道，这大大降低了新闻媒体报道的信息可靠性和公众对媒体的信任度，增加了信息不对称现象。新闻媒体在进行新闻报道过程中，应正确对待自身的利益诉求，保持客观中立，寻求自身的价值实现。同时，加强自身内部治理，完善相关制度规则，约束和规范媒体人员行为，避免贿赂、失信现象发生。

四、强化社会公众对企业的监督

（一）提高社会公众的素质

九年义务教育、职业教育及高等教育促进了我国人口素质的提高。但是，由于我国公众具有的隐忍特质，面对企业的失信行为选择退步忍让，助长了企业的失信行为。因此，提高我国社会公众的法律意识及素质势在必行。

（1）学校应加强对学生的相关教育，教导学生如何鉴定企业侵权或失信行为，如何运用相关法律法规保护自身权益。

（2）社区应经常展开对社区群众的教育，通过展板公示、社区会议等方式和活动，帮助社区群众熟悉相关法律法规，维护自身利益。

（3）加强相关法律法规的教育宣传，使社会公众能遵守法律、运用法律，维护自身权利。

（二）完善相关监督举报机制

我国应完善相关的监督举报机制，保障群众利益，鼓励社会公众举报，可以从以下几个方面着手。

（1）完善相关法律法规，完善保护机制，保障社会公众的权利和利益，引导社会公众积极正确地进行社会监督。

（2）完善相关举报渠道，发挥政府作用，建立健全相关举报机制，加强执法能力。如完善网络举报制度等，拓宽举报监督渠道，方便社会公众监督，并及时有效地进行反馈。

（3）完善激励和惩罚机制，如可以设立举报奖励机制等，对公众的有效举报进行激励。同时，加大惩罚虚假举报力度，规范公众行为，引导公众进行依法监督。

第二节　政府保障

宏观环境是企业发展过程中的一个重要影响因素，而政府作为宏观环境的一部分也很大程度上引领着企业的发展。因而政府相关职能促进着企业的诚信体系建设。政府应该从提高政府人员素质、政府职能转变、发挥政府在企业信用信息体系建设中的作用,推进企业的诚信体系建设。

一、提高政府人员素质

(一)提高政府人员的道德与文化素养

政府人员的素质直接影响着社会对政府的评价和信任,良好的政府形象是由政府工作人员一点一滴地积累树立起来的。

提高政府人员素质具有重要意义:一方面,政府人员是社会良好道德的身体力行者和引领者,政府人员应具有良好的道德素养;另一方面,政府人员应具有良好的文化素养,具备丰富的知识储存。为了保障和促进政府职责的发挥和运用,提高政府人员的素质,可以从以下几个角度出发。

(1)在人员录用时,应重视个人素质,从源头上提高政府人员的整体素质。

(2)开展政治教育工作。一方面,政治教育工作是国家相应政策的落实步骤之一,使政府人员工作不脱轨;另一方面,政治教育工作会坚定政府工作人员为人民服务的思想,坚定社会主义思想,坚定不移地跟党走,自觉抵制不良思想的诱惑。

因此,政府工作人员必须具备良好的个人素质,明确自身承担的责任和义务,将为人民服务作为自身价值实现的方向。

(二)提高政府人员的职业素养

为了有效提高政府人员的自身的工作质量和效率,更好地为人民服务。政府工作人员还应该提高自身职业素养,坚持为人民服务,从人民的诉求出发,对待群众热心热情、耐心细心,主动帮助群众解决问题。同时,拒绝诱惑,阳光执政,保持自身"清洁干净"。

(1)政府人员应熟悉相应的法律法规和规章制度,遵守工作规定和流程,严格执行相关规定,保障行政工作的严肃性和规范性,减少人为失误。

(2)改革意见上传机制。在实际工作中,基层行政人员与群众接触最为频繁,其可以很迅速地发现政府工作中存在的不足,但是由于缺乏足够的机制体系,相关信息并不能很好地上传到领导班子集体,或者在上传过程中,出现信息失真等现象。因此,可以建立完善的意见信息上传机制,使得行政人员可以积极发表意见,改进政府工作中的不足,更好地为人民服务。

(3)改进绩效考核,量化具体化相关指标,依据职能设定更加详细有效的绩效考核激励和惩罚机制。这一举措可以明确工作职责,消除责任推诿现象,提高政府整体工作效率。

（4）开设意见建议交流会，邀请广大群众指出政府工作中的不足，根据这些建议和意见积极改进不足。同时，还可以借此回答群众对政府工作的疑问，避免群众对政府的误解。

二、加快政府职能转变，实行更有效的政府监管

（一）企业诚信体系建设需要政府加快职能转变

我国应加快政府职能转变，自觉做到权力下放，担任市场的监督者，自觉约束政府权力，保障政策的延续性，保障公平竞争，加强市场监管，维护市场秩序。

（二）应该树立政府威信，打造诚信政府

政府诚信是社会诚信的关键，政府诚信直接关系到社会主体对诚信行为的选择。政府具有公信力，才能更加为民众所信赖和依靠。政府应主动加强自身诚信建设。

（1）做到廉洁奉公，避免权力滥用，防止贪污腐败，避免失信行为。

（2）实现透明化，将自身置于阳光之下，接受所有社会公民和企业的监督。同时，做到信息公开，保障个人和企业的知情权。

（3）依法行政，做到"有法可依、有法必依、执法必严、违法必究"，并将依法行政贯彻于政府行政管理的全过程。政府应该带头讲诚信、重诺言，保障自身政策的严肃性和持续性，减小随意性，提高自身的公信力，引领社会风气。

三、发挥政府在企业信用信息体系建设中的作用

我国如今的信用信息体系以中国人民银行征信中心为主，各政府机构掌握相关数据信息，而第三方征信机构在市场上挖掘相关数据难度较大、成本较高。因此，常常征信机构的相关征信产品质量不高，且存在过度竞争，相互打压，市场行业混乱。所以，我国企业的信用信息体系建设需要依靠政府的支持和引导。

（一）政府应加大支持力度，引导征信市场的发展

市场上单一的信用机构力量薄弱，无法从市场上挖掘到太多的信息。因此，为了加快各地信用信息体系的建设，政府可以提供相关基础信息，由征信机构进行更进一步的信用信息挖掘处理和相关产品开发。

（二）加强对第三方征信机构的监管

政府应加强对第三方征信机构的监管，保证征信机构的资质和其产品的质量，规范市场秩序，避免市场失灵，减少资源浪费。如各级政府可以适当投入，

保障自身的话语权,实现对征信机构的监督和管理。

第三节 法律与制度保障

诚信体系的建设过程中,为了约束追求利润最大化的企业主体行为,需要权威的法律和制度约束力量对其行为进行干预。法律与制度保障的作用机制就是加大失信行为的成本、杜绝失信行为的产生,促进建立公平公正的企业运行机制,形成良性循环。

一、完善相关基础法,加快诚信制度和相关法律法规建设

建立健全独立完善的诚信体系以适应当今社会的需要,建立相关制度和法律法规,将诚信制度化、规范化和法律化。

加快诚信法制建设,完善相关法律体系建设。根据实际情况,修订相应的法律条文,调整相关立法,完善诚信法律体系。加快制定全国统一的《信用法》《诚信管理条例》《企业信用管理法》《个人信用管理法》等一整套完善的诚信法律法规,规范企业诚信管理。针对我国社会实际,应从以下几个方面着重入手。

(一)正确界定诚信

我国法律条文立法应对诚信原则进行明确具体的规定,明确其具体内涵和适用范围,使司法机关能够对诚信行为进行明确的界定,从立法上更好地保证诚信的约束作用。

(二)完善《中华人民共和国消费者权益保护法》

我国的消费者权益保障日益完善,但没有得到最大限度的保护。消费者在与企业进行商品交易行为时,往往处于相对的弱势地位,容易造成企业侵害消费者利益,在相关制度还不完善的情况下,消费者的利益无法得到有效保护,损失的利益无法得到补偿,经常出现消费者投诉无效或者效用较低,被动承受企业失信造成的利益损害情况。而企业在侵害消费者利益之后,其违法行为并没有得到惩罚,或者惩罚力度太低。因此,我国应完善《中华人民共和国消费者权益保护法》,保护消费者权益,明确界定企业失信行为,扩大消费者权益保护范围,加大企业失信行为惩处力度,规范企业行为,约束企业诚信经营,优化市场环境。

二、加强司法对诚信体系建设的保障作用

司法是解决社会矛盾的最后一道防线,司法机关通过对违法行为进行惩处,约束社会主体的社会行为,维护法律的严肃性和法律效力。我国诚信体系制度发

生作用的重要条件，就是当交易过程出现失信行为时，失信方受到法律的惩罚，而受损失一方的利益得到有效的维护和补偿。这一作用机制迫使交易双方都选择诚信行为，维护自身利益，减小损失。

我国的司法可以从信度、效度和强度三个维度进行完善。

（一）司法信度

（1）法官在司法过程中，应依法裁决，保障司法的威信和严肃性，提高司法公信力。

（2）加强民众对司法知识的了解和认识，完善民众参与司法等相关办法。积极对民众进行司法解释，面对社会群体对某些事件判决结果的疑惑和质疑，司法机关应主动出击，积极解释相关司法依据，消除群众的质疑，减少舆论暴力，避免司法结果被扭曲化报道。

（3）保障司法过程的独立性和中立性，避免司法机关在行使权力时，受其他因素影响，丧失公平公正性。

（二）司法效度

（1）扩大司法的适用范围，相关法律法规，对诚信进行具体的界定，使得司法能够对失信行为进行有效的打击和惩处。

（2）规范再审程序，避免"一审再审""终审不终""无限再审"的情况出现。

（三）司法强度

（1）加大惩处力度。加大司法对失信行为的惩罚力度和强度，保障诚实守信者的利益，树立司法威严。

（2）严格执行司法的相关判定结果。

第四节　技术保障

诚信体系建设离不开技术的支持，信息不对称是企业失信行为的发生条件之一。完善健全的信用信息技术监督系统，可以记录企业等社会主体的信用信息。通过对这些信息进行处理，利用信息共享平台等机制，可以有效地公示企业主体的信用状态，为社会利益相关者提供信用警示，提高诚信在市场资源分配中的地位，惩罚失信企业，激励守信企业，使失信企业无法生存，进一步规范市场行为，减小市场信用风险。

一、完善信用数据库，提高征信产品和服务质量

完善数据收集的渠道和方法，提高征信数据质量，可以着重从以下几个方面

着手进行改进。

（一）实现跨部门、跨行业、跨区域、跨层次信息共享

（1）我国各政府部门分别掌握着企业主体不同的信息，如银行掌握着企业的贷款信息，税务部门掌握着企业的缴税纳税情况，各行各业的信息零散地分布在政府各部门，并没有得到有效的整合利用。因此，要实现较全面的信息共享，减少数据的重复收集，政府首先应实现自身的跨部门信息共享，将各部门的相关信息提交给专门的机构进行数据整合处理。此外，为了方便信息查询和信息匹配，政府应规范企业信用编码的使用，建立较为统一和通用的数据编码系统，方便各部门之间进行数据交流和数据处理，减少技术障碍。

（2）第三方征信机构应建立不同行业、不同层次的信用数据系统，并根据客户的行业、层次等实际情况，从多维度进行数据收集，有针对性地进行产品开发和设计，提高产品针对性和有效性，提高产品质量。

（二）实现网络数据收集

如今社会，伴随着互联网和新闻媒介的高速发展，企业的许多信息都会被挖掘出来并公布在网络中，这一部分信息和政府部门、第三方机构的数据相比，其来源广泛、内容丰富，既有来自新闻媒体的信息，也有来自社团的数据，还有来自其他相关者的数据报道等，这些信息包含着企业各个维度的信息。但是，这些数据时效性强，变量多，收集起来十分困难，且处理起来难度较大，建议引进使用较为完备的技术工具进行大数据的收集处理并及时更新。

（三）完善相关法律法规

虽然我国先后颁布了《征信业管理条例》《社会信用体系建设规划纲要（2014—2020年）》，对我国征信业的规范发展起到了巨大的作用，但是在实际运用中依旧存在一些不足，需要进一步完善，如出现信息失真现象，常常导致法律纠纷等负面后果。要完善我国相应的法律法规，可以从加强对征信信息采集主体的法律约束和完善对信息主体的法律保护两方面着手。

规范信息核准程序，要求信息采集主体进行严格的信息审核和记录备份，保证信息的准确真实。同时，完善问责机制，确定责任人，对信息采集主体进行约束。建立健全相关的法律援助机制，扩宽维权渠道，保障信息主体的合法权益。同时，也应完善隐私保护和商业信息保密的相关法律。

二、采取先进的数据挖掘方法，完善信用评分技术和信用评分模型

拥有了数据量庞大、多重维度的与企业信用相关的数据，还需要依靠先进的信用评分系统处理才能得到需要的信用评分信息，才能将上述数据应用于分析预

测信用风险，并进行商业决策。信用评分技术一直是信用评分领域的关注热点。最早的信用评分采用的是简单的打分卡的方式，随着时代的发展以及大数据的日益完善，信用评分系统，取得了较好的信用评判效果。

各种数据挖掘技术各有优势、各有劣势，在实际运用中，往往需要各类算法相结合，事实也证明，将各类技术结合运用，比单一的数据挖掘技术更有效。此外，在实际运用中，对于征信产品的开发，也应该以市场为导向，根据实际需求选择相应的数据挖掘技术，提高产品质量。

在信用评分领域，将人工智能模型应用于信用评估领域，比传统的信用评估模型更为便捷有效，常见的人工智能模型包括决策树（decision tree，DT）模型、基于案例推理（case based reasoning，CBR）模型、人工神经网络（artificial neural network，ANN）模型、支持向量机（support vector machine，SVM）模型、支持向量回归（support vector regression，SVR）模型、logit模型等。这些模型基于某一具体算法，具有一定的针对性，同时也使得其在具体应用中无法满足多样化的评分需求，如SVM主要应用于二分类和多分类问题，却无法较好地用于企业信用预测，于是有学者构建了最小二乘支持向量机（LS-SVM）模型，用于小微企业信用评估[1]。因此，在实际应用中，使用者需要根据具体情况和自身实际需求，将各种模型进行优化，使之更加契合实际需求，达到满意的信用评价效果。

---

① 肖斌卿，柏巍，姚瑶，等. 基于LS-SVM的小微企业信用评估研究[J]. 审计与经济研究，2016，31（6）：102–111.

参 考 文 献

[1] 蔡地，王悦，马金鹏.领导越包容，员工工作越主动？个人－团队匹配和权力距离的作用[J].预测，2017，36（5）：1-7.

[2] 陈佳琪，陈忠卫.企业内部人际信任对组织公民行为影响的实证研究——以工作年限为调节变量[J].西安财经学院学报，2014（2）：85-91.

[3] 陈同扬，谭亮，曹国年.组织支持视角下领导—下属交换关系感知匹配的形成机制研究[J].南开管理评论，2013，16（3）：118-126.

[4] 陈越.诚信领导研究现状与展望[J].闽南师范大学学报（哲学社会科学版），2017（3）：92-96.

[5] 程德俊，宋哲，王蓓蓓.认知信任还是情感信任：高参与工作系统对组织创新绩效的影响[J].经济管理，2010（11）：81-90.

[6] 崔丽霞，江历明.诚信领导对员工个体主动性的影响研究——领导—成员交换的中介作用[J].科技与经济，2016，29（3）：75-79.

[7] 崔子龙，李玉银，张开心.诚信领导对下属主动行为影响机理研究[J].华东经济管理，2015（8）：137-143.

[8] 崔子龙，田喜洲.真实型领导对下属主动行为影响研究[J].学术论坛，2015，38（8）：31-36.

[9] 邓志华，陈维政，黄丽，等.服务型领导与家长式领导对员工态度和行为影响的比较研究[J].经济与管理研究，2012（7）：101-110.

[10] 董昭江.论企业诚信的经济价值及其构建[J].当代经济研究，2003（7）：53.

[11] 段苏桓.真实型领导对员工创新行为的影响过程研究[J].现代商业，2018，508（27）：104-108.

[12] 方慧，何斌，张倩.领导对创造力及创新绩效的影响机制研究综述[J].华东经济管理，2017（12）：62-68.

[13] 葛晓永，吴青熹，赵曙明.基于科技型企业的学习导向、团队信任与企业创新绩效关系的研究[J].管理学报，2016，13（7）：996-1002.

[14] 韩翼，廖建桥.雇员工作绩效结构模型构建与实证研究[J].管理科学学报，2007，10

（5）：62-77.

[15] 黄亮，彭璧玉.工作幸福感对员工创新绩效的影响机制——一个多层次被调节的中介模型［J］.南开管理评论，2015，18（2）：15-29.

[16] 姜正冬.论社会诚信［J］.山东师范大学学报（人文社会科学版），2002，47（3）：14-18.

[17] 李娜.社会资本视角下社会诚信建设研究［D］.烟台：鲁东大学，2017.

[18] 李邢西.企业文化与企业诚信［J］.中国流通经济，2011（11）：94-96.

[19] 刘朝，张欢，王赛君，等.领导风格、情绪劳动与组织公民行为的关系研究——基于服务型企业的调查数据［J］.中国软科学，2014，12（3）：119-134.

[20] 刘雪梅，赵修文.关系绩效与离职倾向的实证研究：以团队信任为中介变量［J］.科研管理，2013（3）：93-98.

[21] 刘耀中，雷丽琼.企业内领导-成员交换的多维结构对工作绩效的影响［J］.华南师范大学学报（社会科学版），2008（4）：28-32.

[22] 罗东霞，关培兰.国外诚信领导研究前沿探析［J］.外国经济与管理，2008，30（11）：27-34.

[23] 吕艾芹，施俊琦，刘漪昊，等.团队冲突、团队信任与组织公民行为：组织公正感的中介作用［J］.北京大学学报（自然科学版），2012，48（3）：500-506.

[24] 马金鹏，蔡地，徐伟涛，等.求同存异的力量："个人-团队匹配"的研究述评与未来展望［J］.中国人力资源开发，2018（1）：6-18.

[25] 马明峰.企业内部人际信任影响因素研究［D］.广州：华南理工大学，2007.

[26] 梅亮，陈劲，刘洋.创新生态系统：源起、知识演进和理论框架［J］.科学学研究，2014，32（12）：1771-1780.

[27] 孟华兴.企业诚信体系建设研究［M］.北京：中国经济出版社，2011：95-96.

[28] 闵行烟草糖酒有限企业.企业要着力于建立内外部诚信体系［J］.上海商业，2005（176）：82.

[29] 綦萌，宋萌.员工-团队认知方式一致性对员工组织公民行为的影响——情绪智力的调节作用［J］.商业研究，2018，500（12）：131-138.

[30] 钱宝祥，蔡亚华，李立.个人团队匹配与团队创造力关系研究：团队认同的中介作用［J］.科技进步与对策，2016，33（18）：134-139.

[31] 秦伟平，李晋，周路路，等.团队真实型领导对创造力的影响：LMX的跨层作用［J］.管理工程学报，2016，30（3）：36-43.

[32] 任真，杨安博，王登峰，等.中西方文化差异视角下领导-部属关系的结构模型［J］.心理学报，2014（9）：1355-1377.

[33] 宋源. 团队信任影响因素实证研究——传统团队与虚拟团队的差异分析 [J]. 河南社会科学, 2010, 18 (1): 143-148.

[34] 孙锐. 中国企业组织创新气氛结构实证研究 [J]. 科研管理, 2009, 30 (1): 38-44.

[35] 屠兴勇, 张琪, 王泽英, 等. 信任氛围、内部人身份认知与员工角色内绩效: 中介的调节效应 [J]. 心理学报, 2017, 49 (1): 83-93.

[36] 王飞飞, 张生太. 信任机制对组织公民行为影响的实证研究——基于人力资源结构视角 [J]. 大连理工大学学报 (社会科学版), 2017 (1): 114-118.

[37] 王冠, 赵颖. 增强制度信任和文化信任 共建和谐社会 [J]. 理论学习与探索, 2009 (1): 76.

[38] 王国猛, 赵曙明, 郑全全. 团队信任与团队水平组织公民行为——团队心理授权的中介作用研究 [J]. 大连理工大学学报 (社会科学版), 2012, 33 (2): 71-75.

[39] 王辉. 领导-部属交换的多维结构及对工作绩效和情境绩效的影响 [J]. 心理学报, 2004, 36 (2): 179-185.

[40] 王辉. 组织中的领导行为 [M]. 北京: 北京大学出版社, 2008.

[41] 王腾. 强化企业组织内部人际信任关系路径探讨——基于组织研究的视角 [J]. 经济与社会发展, 2012 (2): 84-85.

[42] 王夏. 企业诚信的经济学分析 [J]. 岱宗学刊, 2006 (10): 49-50.

[43] 王雁飞, 朱瑜. 组织社会化与员工行为绩效——基于个人-组织匹配视角的纵向实证研究 [J]. 管理世界, 2012 (5): 109-124.

[44] 吴敏. 企业内部诚信体系构建 [J]. 人才开发, 2007 (5): 35-36.

[45] 谢衡晓. 诚信领导: 企业可持续发展的基石 [J]. 商场现代化, 2007 (7): 150.

[46] 谢衡晓. 诚信领导的内容结构及其相关研究 [D]. 广州: 暨南大学, 2007.

[47] 徐磊. 跨界行为、团队信任与创新绩效: 资源损耗的调节作用 [J/OL]. 科技进步与对策: 1-7 [2019-04-12].

[48] 颜爱民, 陈丽. 高绩效工作系统对员工行为的影响——以心理授权为中介 [J]. 中南大学学报 (社会科学版), 2016, 22 (3): 107-113.

[49] 颜爱民, 李歌. 企业社会责任对员工行为的跨层分析——外部荣誉感和组织支持感的中介作用 [J]. 管理评论, 2016, 28 (1): 121-129.

[50] 颜小冬, 杜菊辉. 社会诚信体系框架的构建 [J]. 湖南人文科技学院学报, 2008 (3): 43-44.

[51] 杨安博, 任真, 陶晓春. 性别在企业员工成人依恋与工作绩效关系中的调节作用 [J]. 心理科学, 2012 (2): 418-423.

[52] 杨建君, 张峰, 孙丰文. 企业内部信任与技术创新模式选择的关系 [J]. 科学学与科学

技术管理，2014（10）：94-104.
[53] 杨旭，阮萍萍. 诚信领导的理论探析［J］. 中国商论，2010（1）：82-83.
[54] 姚艳虹. 知识员工创新绩效的结构及测度研究［J］. 管理学报，2013，10（1）：97-102.
[55] 于鲁宁，彭正龙. 职场排斥对组织公民行为的影响：一个有调节的中介模型［J］. 预测，2018，37（1）：22-28.
[56] 袁凌，初立娜. 个人与组织匹配对组织公民行为的影响研究［J］. 当代财经，2008（8）：85-88.
[57] 岳瑨. 制度信任与中国企业成长的信任伦理难题［J］. 学习与探索，2012（8）：20-21.
[58] 张红丽，胡成林. 组织支持感对组织公民行为的影响机制——基于心理资本中介效应模型的研究［J］. 商业研究，2015，59（7）：112-120.
[59] 张小林，戚振江. 组织公民行为理论及其应用研究［J］. 心理科学进展，2001，9（4）：352-360.
[60] 赵航. 真实型领导对下属主动行为的影响研究［J］. 企业改革与管理，2017（10）：84.
[61] 赵修文，袁梦莎. 团队信任与团队任务绩效和周边绩效关系的实证研究［J］. 中国人力资源开发，2011（11）：100-103.
[62] 郑鸿，徐勇. 创业团队信任的维持机制及其对团队绩效的影响研究［J］. 南开管理评论，2017（5）：31-42.
[63] 郑景丽，郭心毅. 组织公平对员工组织公民行为影响的实证研究［J］. 北京理工大学学报（社会科学版），2016，18（1）：82-88.
[64] 周蕾蕾. 企业诚信领导对员工组织公民行为影响研究［D］. 武汉：武汉大学，2010.
[65] 朱瑜，王凌娟，李倩倩. 领导者心理资本、领导—成员交换与员工创新行为：理论模型与实证研究［J］. 外国经济与管理，2015，37（5）：36-51.
[66] ABBAS M, RAJA U. Impact of psychological capital on innovative performance and job stress［J］. Canadian journal of administrative sciences，2015，32（2）：128-138.
[67] BAER M. Putting creativity to work：the implementation of creative ideas in organizations［J］. Academy of Management journal，2012，55（5）：1102-1119.
[68] BURNS J M. Leadership［J］. Journal of sociology，1978，1（1）：11-12.
[69] CHOI H M, KIM G, MCGINLEY S. The extension of the theory of person-organization fit toward hospitality migrant worker［J］. International journal of hospitality management，2017，62：53-66.
[70] COOMAN R D, VANTILBORGH T, BAl P M, et al. Creating inclusive teams through perceptions of supplementary and complementary person-team fit：examining the relationship between person-team fit and team effectiveness［J］. Group & organization management，

2016, 35（3）：310-342.

［71］DANSEREAU F, CASHMAN J, GEORGE GRAEO G. Instrumentality theory and equity theory as approaches in predicting the relationship of leadership and turnover among managers ［J］. Organizational behavior & human performance, 1973, 10（2）：184-200.

［72］DERUE D S, MORGESON F P. Stability and change in person-team and person-role fit over time: the effects of growth satisfaction, performance, and general self-efficacy ［J］. Journal of applied psychology, 2007, 92（5）：1242-1253.

［73］ELFENBEIN H A, O'REILLY III C A. Fitting in: the effects of relational demography and person-culture fit on group process and performance ［J］. Group & organization management, 2005, 32（1）：109-142.

［74］ERTURK A. Increasing organizational citizenship behaviors of Turkish academicians: mediating role of trust in supervisor on the relationship between organizational justice and citizenship behaviors ［J］. Journal of managerial Psychology, 2007, 22（3）：257-270.

［75］FARH J L, EARLEY P C, LIN S C. Impetus for action: a cultural analysis of justice and organizational citizenship behavior in Chinese society ［J］. Administrative science quarterly, 1997, 42（3）：421-444.

［76］FARH J L, ZHONG C B, ORGAN D W. Organizational citizenship behavior in the People's Republic of China ［J］. Organization science, 2004, 15（2）：241-253.

［77］HINOJOSA A S, DAVIS MCCAULEY K, RANDOLPH-SENG B, et al. Leader and follower attachment styles: implications for authentic leader - follower relationships ［J］. The leadership quarterly, 2014, 25（3）：595-610.

［78］ILIE R, MORGESON F P, NAHRGANG J D. Authentic leadership and eudemonic well-being: understanding leader-follower outcomes ［J］. Leadership quarterly, 2005（15）：373-394.

［79］JR F D, GEORGE GRAEO G, HAGA W J. A vertical dyad approach to leadership within formal organizations: a longitudinal investigation of the role making process ［J］. Organizational behavior & human performance, 1975, 13（1）：46-78.

［80］KRISTOF A L. Person-organization fit: an integrative review of its conceptualizations, measurement, and implications ［J］. Personal psychology, 1996, 49（1）：1-49.

［81］KRISTOF-BROWN A L, SEONG J Y, DEGEEST D S, et al. Collective fit perceptions: a multilevel investigation of person-group fit with individual - level and team - level outcomes ［J］. Journal of organizational behavior, 2014, 35（7）：969-989.

［82］KRISTOF-BROWN A L, ZIMMERMAN R D, JOHNSON E C. Consequences of individuals' fit at work: person-organization, person-group, and person-supervisor fit ［J］. Personnel psychology, 2005, 58 (2): 281-342.

[83] LI A N, TAN H H. What happens when you trust your supervisor? Mediators of individual performance in trust relationships [J]. Journal of organizational behavior, 2013, 34 (3): 407-425.

[84] LIDEN R C. Leader-member exchange model of leadership: a critique and further development [J]. Academy of Management review, 1986, 11 (3): 618-634.

[85] LUTHERANS, AVOLIO B J. Authentic leadership development[A]. Berrett-Koehler, 2003.

[86] MAAK T, PLESS N M. Responsible leadership in a stakeholder society—a relational perspective [J]. Journal of business ethics, 2006, 66 (1): 99-115.

[87] MCALLISTER D J. Affect- and cognition-based trust as foundations for interpersonal cooperation in organizations [J]. Academy of Management journal, 1995, 38 (1): 24-59.

[88] ORGAN D W .Organizational citizenship behavior: the good soldier syndrome [J]. Administrative science quarterly, 1988, 41 (6): 692-703.

[89] PODSAKOFF P M, MACKENZIE S B, PAINE J B, et al. Organizational citizenship behaviors: a critical review of the theoretical and empirical literature and suggestions for future research [J]. Journal of management, 2000, 26 (3): 513-563.

[90] SEONG J Y, CHOI J N. Effects of group-level fit on group conflict and performance: the initiation role of leader positive affect [J] .Group & organization management, 2014, 39 (2): 190-212.

[91] SEONG J Y, KRISTOF-BROWN A L. Personal-group fit: diversity antecedents, proximal outcomes, and performance [J] .Journal of management, 2015, 41 (4): 184-213.

[92] SEONG J Y, KRISTOF-BROWN A L. Testing multidimensional models of person-group fit [J]. Journal of managerial psychology, 2012, 27 (6): 536-556.

[93] SPARROWE R T, LIDEN R C. Structure in leader-member exchange [J]. Academy of Management review, 1997, 22 (2): 522-552.

[94] TUNG Y C, LIN Y P. Cross-level effects of deep-level diversity on person-group fit [J]. Journal of business studies quarterly, 2015, 7 (2): 109-126.

[95] UHL-BIEN M, GEORGE GRAEO G B. Self-management and team-making in cross-functional work teams: discovering the keys to becoming an integrated team [J]. Journal of high technology management research, 1991, 3 (2): 225-241.

[96] WALUMBWA F O, GARDNER W L, et al. Authentic leadership: development and validation of a theory-based measure [J]. Journal of management, 2008, 34 (1): 89-126.

[97] WERBEL J D, JOHNSON D J. The use of person-group fit for employment selection: a

missing link in person‐environment fit [J].Human resource management, 2001, 40(3):227-240.

[98] WILLIAMS L J. Job satisfaction and organizational commitment as predictors of organizational citizenship and in-role behaviors [J]. Journal of management, 1991, 17(3):601-617.

附录 1

企业诚信体系建设调查问卷

尊敬的朋友：

您好！非常感谢您填写此次调查问卷。该问卷调查的目的在于了解企业诚信体系建设的现状及其影响因素，本调查数据仅为课题研究所用。对问卷中问题的回答无对错之分，您只需根据您的真实想法和实际情况填答即可。非常感谢您的支持与配合！

企业诚信体系建设课题组

第一部分：基本信息。

1. 您的性别：
○男　　　　　　　　　　○女

2. 您的年龄：
○ 18~25 岁　　○ 25~30 岁　　○ 30~40 岁　　○ 40~50 岁

3. 您的学历：
○高中及以下　　○大学专科　　○大学本科　　○硕士及以上

4. 您的职级：
○高层管理者　　○中层管理者　　○基层管理者　　○普通员工

5. 您在企业的工作年限为_____年。

6. 您所在的企业为：
○央企　　　　○国企（非央企）　　○民营企业　　○乡镇企业
○外资企业　　○其他

7. 您所在的企业规模为：
○大型　　　　○中型　　　　○小型　　　　○微小型

8. 您所在的企业是否是上市公司？
○是　　　○否

第二部分：请根据您对企业内部诚信体系建设的理解选择下列问题，在符合实际情况的选项中打"√"。

维度	题项	内容	完全不同意 1	不太同意 2	一般 3	比较同意 4	完全同意 5
企业制度	1A	诚信的企业应设有从事诚信体系建设的专职人员或者部门					
	1B	诚信的企业应建立内部员工诚信档案					
	1C	诚信的企业应建立合作方诚信档案					
	1D	诚信的企业应建立诚信奖惩机制					
	1E	诚信的企业应将诚信纳入绩效考核指标					
	1F	诚信的企业应建立行之有效的诚信建设体系					
	1G	诚信的企业应将诚信贯穿于企业经营管理活动的整个流程中					
企业文化	2A	诚信的企业应培育以诚信为核心的企业文化					
	2B	诚信的企业应加强诚信宣传教育和培训					
	2C	诚信的企业应注重产品和服务质量，树立良好的企业形象					
个人诚信	3A	高管个人诚信对企业诚信建设至关重要					
	3B	员工个人诚信对企业诚信建设影响大					

续表

维度	题项	内容	完全不同意 1	不太同意 2	一般 3	比较同意 4	完全同意 5
人际信任	4A	同事之间的信任对企业诚信建设影响大					
	4B	上下级之间的信任对企业诚信建设影响大					

第三部分：请根据您对诚信企业作用的理解，在符合实际情况的选项中打"√"。

维度	题项	内容	完全不同意 1	不太同意 2	一般 3	比较同意 4	完全同意 5
外部	Y1	企业诚信是您寻找合作伙伴的第一要素					
	Y2	企业诚信会影响您的合作的意愿					
	Y3	企业诚信会影响您的合作的次数和深度					
	Y4	企业诚信会影响您的合作决策					
内部	Y5	诚信的企业员工会自觉维护公司利益					
	Y6	诚信的企业能促进员工之间相互信任					
	Y7	诚信的企业值得员工信任					
	Y8	诚信的企业会关注并促进员工的职业发展					

第四部分：请根据您对诚信企业特点的理解，在符合实际情况的选项中打"√"。

维度	题项	内容	完全不同意 1	不太同意 2	一般 3	比较同意 4	完全同意 5
过往交易	V1	诚信的企业没有不良的交易记录					
	V2	诚信的企业合同前后态度一致					
	V3	诚信的企业具有较好的商业口碑和信誉					
人员素质	V4	领导人的个人素质高低对企业诚信影响不大					
	V5	员工专业技术过硬、敬业且诚信对企业诚信影响不大					
	V6	人职匹配度高的企业不会更诚信					
	V7	良好的企业文化对企业诚信影响不大					
财务状况	V8	盈利能力强的企业更诚信					
	V9	营运能力（企业对经济资源管理、运用的效率）强的企业更诚信					
	V10	偿债能力强的企业更诚信					
	V11	变现速度快的企业更诚信					
技术与生产能力	V12	产品生产设备齐全、性能良好的企业更值得信任					
	V13	生产工序完善的企业更值得信任					
	V14	规模大的企业更值得信任					
	V15	产品质量优良的企业更值得信任					

续表

维度	题项	内容	完全不同意 1	不太同意 2	一般 3	比较同意 4	完全同意 5
文化与制度完善	V16	非上市公司比上市公司更诚信					
	V17	管理完善、执行力强的企业不会更诚信					
	V18	厂容厂貌（员工统一着装、氛围良好、公司整洁干净、工作环境安全等）优良的企业不会更诚信					
	V19	拥有良好企业文化的企业不会更诚信					
合作潜力	V20	主要产品市场占有率较高的企业更诚信					
	V21	市场反应迅速的企业更诚信					
	V22	维护客户群体利益的企业更诚信					
	V23	拥有地缘优势的企业更值得信任					
	V24	拥有相近企业文化的企业更值得信任					
	V25	领导者拥有更多社会资本的企业更值得信任					
外部环境约束	V26	加强政府监管有利于企业诚信					
	V27	加大社会舆论压力有利于企业诚信					
	V28	加强社会组织（消费者协会、行业协会等）监督有利于企业诚信					
	V29	规范社会审计机构的审计活动（对企业会计报表或特定的事项进行审计鉴证、发表审计意见等活动）有利于企业诚信					

续表

维度	题项	内容	完全不同意 1	不太同意 2	一般 3	比较同意 4	完全同意 5
企业责任和声誉	V30	履行社会责任的企业不会更诚信					
	V31	社会声誉高的企业不会更诚信					
	V32	品牌企业不会更诚信					

附录 2

关于"诚信领导对员工创新绩效影响"的调查问卷

尊敬的女士/先生：

您好！首先非常感谢您抽出宝贵的时间参与此次调查！本问卷旨在探讨领导与员工之间的关系，其中的答案无所谓好坏对错。作为一项科学研究，您真实的意见对我们来说十分重要，因此请您根据您自己真实的想法填写问卷。本问卷采取匿名的形式，收集到的数据只用于学术研究。

您的回答对我们非常重要。再次感谢您在百忙之中对此项研究的支持！

问卷说明：填写对象为已经参加工作的人群。

第一部分：个人背景信息。请您根据您自己的实际情况，在符合的选项之前打"√"。

1. 您的性别：□男　　□女
2. 您的婚姻状况：□未婚　　□已婚
3. 您的学历：□专科及以下　　□本科　　□硕士及以上
4. 您的年龄：□20岁以下　□21~30岁　□31~40岁　□41~50岁　□50岁以上
5. 您所在公司类别：□国有企业　□外资/合资企业　□私营企业　□政府机关/事业单位　□其他
6. 您在现单位工作时间：□1年以下　□1~3年　□3~5年　□5~10年　□10年以上

第二部分：以下题目与管理者领导风格有关，请仔细阅读，并根据您直接上级（领导）的实际情况进行评价。

请根据下面每道题所描述的内容，选择最能代表您观点的选项。每题都有相同的五个选项，选项"1"至"5"分别代表"非常不赞同""不赞同""不确定""赞同""非常赞同"。

对您的直接上级，您觉得他/她：

能如实评价您的贡献	□1 □2 □3 □4 □5
对您足够尊重	□1 □2 □3 □4 □5
在做决定之前会征求您和其他下属的意见	□1 □2 □3 □4 □5
对您足够坦诚	□1 □2 □3 □4 □5
说话算数，能兑现自己的诺言	□1 □2 □3 □4 □5
能够遵守社会公德	□1 □2 □3 □4 □5
行动与自己的信念一致	□1 □2 □3 □4 □5
能够根据自己的价值观做出决定	□1 □2 □3 □4 □5
能够以身作则，自觉遵守组织的规章制度	□1 □2 □3 □4 □5
有远见	□1 □2 □3 □4 □5
有激情	□1 □2 □3 □4 □5
敢于创新	□1 □2 □3 □4 □5
了解自己的长处和短处	□1 □2 □3 □4 □5
从不发布虚假信息	□1 □2 □3 □4 □5
从不弄虚作假	□1 □2 □3 □4 □5
敢于承认自己所犯的错误	□1 □2 □3 □4 □5
不会口是心非	□1 □2 □3 □4 □5

第三部分：以下题目与领导成员关系有关，请仔细阅读，并根据您直接上级（领导）的实际情况进行评价。

请根据下面每道题所描述的内容，选择最能代表您观点的选项。每题都有相同的五个选项，选项"1"至"5"分别代表"非常不赞同""不赞同""不确定""赞同""非常赞同"。

对您的直接上级，您觉得他/她：

您非常喜欢他/她的为人	□1 □2 □3 □4 □5
和他/她在一起工作非常愉快	□1 □2 □3 □4 □5
您有心里话愿意与他/她交流	□1 □2 □3 □4 □5

您喜欢与他/她一起工作　　　　　　　　□1 □2 □3 □4 □5
您愿意为他/她的利益而付出超额的努力　□1 □2 □3 □4 □5
即使是要完成很多额外工作，您也不介意　□1 □2 □3 □4 □5
您愿意为了他/她做职责范畴之外的工作　□1 □2 □3 □4 □5
会尽自己最大努力去做自己分内乃至分外的工作　□1 □2 □3 □4 □5
他/她的专业技能令人羡慕　　　　　　　□1 □2 □3 □4 □5
他/她工作方面的知识以及工作能力是众所周知的　□1 □2 □3 □4 □5
他/她的技术和能力给您留下了深刻印象　□1 □2 □3 □4 □5

第四部分：以下题目与您自己有关，请仔细阅读，并根据您的实际情况进行选择。

请根据下面每道题所描述的内容，选择最能代表您观点的选项。每题都有相同的五个选项，选项"1"至"5"分别代表"非常不赞同""不赞同""不确定""赞同""非常赞同"。

根据您的工作情况进行评价：
工作中，能挑战没有解决的问题　　　　　□1 □2 □3 □4 □5
工作中，主动支持具有创新性的思想　　　□1 □2 □3 □4 □5
工作中，能提出独创且可行的解决问题方案　□1 □2 □3 □4 □5
能总结出可行的新工作方法、服务方式等　□1 □2 □3 □4 □5
您能发现独特可行的技术或工作诀窍　　　□1 □2 □3 □4 □5
您因工作中提出创新建议或做出创新性成果获得奖励
　　　　　　　　　　　　　　　　　　　□1 □2 □3 □4 □5
工作中，您提出的解决方案或开发的产品成效明显　□1 □2 □3 □4 □5
您开发改进的新产品、新技术、新方法等，受到客户好评
　　　　　　　　　　　　　　　　　　　□1 □2 □3 □4 □5
您开发改进的新产品、新技术、新方法等被应用到工作场合
　　　　　　　　　　　　　　　　　　　□1 □2 □3 □4 □5
您开发改进的新产品、新技术、新方法等提高了工作效率
　　　　　　　　　　　　　　　　　　　□1 □2 □3 □4 □5
您开发改进的新产品、新技术、新方法等为组织带来经济效益
　　　　　　　　　　　　　　　　　　　□1 □2 □3 □4 □5